DIEZ CONSEJOS PARA INCREMENTAR
NUESTRA EFICACIA EN EL SERVICIO

JOSÉ LUIS OCHOA GAMBOA

2da. Edición
Copyright © 2013 Jose Luis Ochoa Gamboa,
joseochoa33@yahoo.com
Todos los derechos reservados. All rights reserved
ISBN-

Diseño e impresión: Praise Inversiones S.A.C.
T. 652-2780 praiseinversiones@yahoo.es

Usted puede sacar copias sin fines de lucro de hasta dos capítulos, previa autorización escrita del autor, y puede copiar hasta un párrafo completo citando al autor y al libro.

Con aprecio para quienes ponen las relaciones por encima de las falsas victorias y el logro por encima de los egos.

Indice

	Página
PRESENTACIÓN	7
SOBRE EL CONTENIDO del libro	11

Primera parte:
El servicio como la expresión de la grandeza interna   13

- El contraste entre la mirada de «tener seguidores» y la de «añadir valor»   15
- Definición del servidor eficaz   27
- La organización basada en el honor   33
- La prueba ácida   41
- Como construir una organización basada en el honor   42

Segunda parte:
El carácter para servir y liderar eficazmente   45

Generando riqueza interior para servir y mejorar nuestra eficacia en el liderazgo.   49

1. Tener el Paradigma correcto   51
2. Saberse y sentirse amado   65
3. Aprender el Valor de la humildad   74
4. Compromiso con la visión Personal   80
5. Tener la libertad para escoger el servicio   86
6. Entender el servicio como una expresión de grandeza.   95
7. Disfrutar lo que hacemos.   101
8. Llene su soledad de cosas que lo enriquezcan   107

Tercera parte:
10 consejos para incrementar nuestra eficacia en el servicio 113

1. Anote sus aprendizajes. 118
2. Afine su capacidad de concentrarse en el logro de la tarea. 120
3. Maneje el cambio por medio del aprendizaje. 123
4. Aprenda a escuchar. 125
5. Enfóquese en el potencial. 127
6. Mentoree a otros. 133
7. Forme parte de una comunidad de rendición de cuentas. 136
8. Diferencie claramente «influenciar» de «dominar». 138
9. Cuídese del poder, pero no huya de él 140
10. No limite el potencial de su trabajo. 142

un comentario final 145

reconocimientos 147

- reconocimientos personales 147
- reconocimientos bibliográficos 148

sobre el autor del libro 150

PRESENTACIÓN

El libro que tiene en sus manos, tuvo como punto de partida una publicación de hace más de diez años: *Siervos eficaces, siervos que influyen en vidas*, en la que buscábamos compartir insumos prácticos con quienes deseaban influenciar positivamente en las personas y generar cambios sostenibles, antes que ocupar los primeros lugares; por eso, la lectura que viene más adelante no será útil para quienes desean encontrar a través de ella una técnica más de liderazgo para subir posiciones o para quienes se sienten víctimas por no ser el centro de la atención y están buscando maneras de sobresalir.

Lo decimos al inicio para ahorrarle el esfuerzo por si esperaba otro libro de liderazgo como un fin en sí mismo. Este libro no está centrado en cómo ser mejor *líder*, sino en cómo ser un mejor *servidor* e influenciar a las personas de una manera trascendente.

¿Para quién está escrito este libro?

Para personas que desean servir eficazmente; muchas de ellas con influencia en su entorno justamente por su sincero deseo de servir. Para quienes han descubierto las nuevas dimensiones del servicio después de haber interiorizado principios que demuestran el tremendo poder del servicio eficaz en la práctica; por ello no necesitan una presentación del servicio como alternativa al liderazgo tradicional, ni un sustento teórico para defender su punto de vista; Quieren insumos que le sirvan para mejorar personalmente como servidores que influye en los demás. Se trata de personas que cambian su entorno y quieren tener herramientas útiles enfocadas en la vida de las personas que ha decidido servir y ayudar a crecer.

Este Libro; También está escrito para todo aquel que desea explorar de otra manera el liderazgo, pero que quizás tiene prejuicios marcados por haber sido testigo de abusos hacia las personas más serviciales o haber descubierto que muchos de los que se llaman «servidores» solo quieren idealizar una victimización personal o justificar su falta de deseo de superación en nombre de la humildad.Por favor, dénnos una oportunidad para que su contenido le muestre otro acercamiento al tema.

En las páginas de este libro busco presentar una perspectiva del servicio que más allá de una estrategia para ganar adeptos o seguidores; Queremos que al final de leer este libro, usted se confronte con un estilo de liderazgo que busca liberar el potencial de las personas a las que desea añadir valor. Tambien deseamos que usted tenga una serie de herramientas prácticas del liderazgo para servir mejor.

Para redactar el material que tiene entre manos, una de las primeras cosas que hice fue consultar varios autores que han trabajado el tema del liderazgo. Dejé a un lado a los que se enfocaban solo en nuevas técnicas y estrategias y me quedé con los que se enfocaban en desarrollar el carácter y construir victorias interiores para formar otros líderes. Entendí que para aquellas organizaciones que trabajan basándose en el honor, estos autores serían la mejor referencia.

Todos ellos tenían una constante; compartían principios recurrentes, verdades dichas de diversas formas, pero con contenidos similares; a esto le añadimos reflexiones fruto de más de veinte años de trabajo en organismos y organizaciones de servicio social en torno al tema central de este libro: *El servicio motivado por una causa superior.* Hay una edición anterior en Amazon, esta es una segunda en la que se ha añadido nuevos conceptos y clarificado los conceptos anteriores con más ilustraciones por lo cual verá nuevos capítulos, más temas y más cuidado para no redundar.

Aunque soy parte de varios consejos directivos donde el denominador común es el servicio a una causa superior a uno mismo y tenemos cierta experiencia en liderazgo, me siento más cómodo escribiendo como aprendiz de verdades que siempre me sorprenden al aplicarlas en las vidas de las personas a las que sirvo, y es mi deseo que con este material puedan incrementar su eficacia en el servicio. Por ello, deseo que al final de la lectura de este libro, sienta que valió la pena el esfuerzo para asumir el desafío de seguir una ruta que nos haga líderes eficaces. Vivimos épocas aceleradas, antes para aprovechar una oportunidad hacía falta tener los recursos, ahora que tenemos mas información a la mano; queda el mayor limitante a superar; la voluntad para aprovechar la oportunidad.

Recuerde que el aprendizaje es una puerta que se abre desde adentro, yo solo quiero hacer mi parte. Me animará mucho si al final de leer este libro, me escribe contándome que hizo usted con lo reforzado o aprendido en este libro.

José Luis Ochoa Gamboa
joseochoa33@yahoo.com
Octubre, 2013

Sobre el contenido del Libro

Comenzamos con un marco a lo que denominamos el servicio por una causa superior y como esta puede desarrollar y desarrollarse en una organización basada en el honor. A partir del marco anterior de la primera parte, nos centramos en dos temas; uno centrado en el *ser* y el otro en el *hacer*.

Cuando hablamos del ser, presentamos los *aspectos personales para ser servidores eficaces;* este tema está centrado en la construcción de nuestra riqueza interna, que desde el enfoque del libro es la esencia para un servicio eficaz. ¿Qué elementos son necesarios interiorizar para servir eficazmente? ¿Cómo podemos librarnos del servicio que solo busca complacer intereses mezquinos o paliar temores? ¿Cuál es la diferencia entre servilismo y servicio eficaz? Deseamos de corazón que esta primera parte contribuya a responder estas y otras preguntas similares.

Cuando hablamos del hacer compartimos algunos *consejos y herramientas que hemos aprendido para mejorar en la práctica del servicio*. ¿Cómo influenciar positivamente en sus vidas? ¿Cómo establecer relaciones duraderas para el trabajo en equipo? ¿Cómo desencadenar las pasiones interiores y generar sinergias?

Mientras que el libro va contando con palabras, las imágenes van hablando de otra manera, para ello nos hemos inspirado en el logo de una organización que busca desarrollar el potencial de las personas, Renova Latino, se trata de un arbol con profundas raices que permite acoger temporalmente a las aves que allí anidan para que luego ellos salgan en pos de su destino.

Al final, el libro cierra con una reflexión final sobre el tema y brinda bibliografía referencial para quien desee ahondar en algún aspecto que le resulte particularmente interesante.

1era parte
El servicio como la expresión de la grandeza interna

El contraste entre la mirada de «el tener seguidores» y la de «añadir valor»

Jesús se sentó y llamó a los doce discípulos y dijo: «Quien quiera ser el primero, debe tomar el último lugar y ser el sirviente de todos los demás»[1].

Usualmente en las reuniones a las que he sido invitado para hablar sobre liderazgo, empiezo con un simple ejercicio (si usted se toma cinco minutos para hacerlo, podrá entender personalmente a qué me refiero cuando hablo de estas dos aproximaciones de liderazgo que son pilares esenciales sobre los que construiré el resto del libro):

Comience recordando a aquellos líderes de opinión que aparecen en los periódicos o la historia reciente, aquellos hombres y mujeres que tienen el «mundo a sus pies», que han cautivado a muchas personas y que tienen muchos seguidores.

¿Qué características vienen a su mente?

Probablemente pensará en inteligencia, dominio de escenario, facilidad de palabra, personalidad avasallante, carisma, quizás se imaginará a una persona bien parecida o recordará su capacidad de manejar la coyuntura o «capear el temporal», también podría asociarla al poder económico, poder político, incluso a habilidades manipuladoras o la codicia.

---

[1] Marcos: 9, 33, empleamos la versión "Nueva traducción viviente" de la Biblia.

Bien, escriba en un papel su nombre y deje de pensar en él o ella por un momento.

Lo invitamos, ahora, a recordar la vida de una persona con nombre y apellido que marcó su vida, que nunca olvidará, que dejó huella en usted y que le hace sentir agradecido por haberla conocido.

¿Qué características vienen a su mente? ¿Quiere pensar en sus cualidades? ¿Se anima a escribirlas en un papel?

Ahora, contraste las características de ambos personajes y verá la diferencia entre buscar seguidores y el buscar añadir valor a las personas.

Lo que usted mismo ha evidenciado al hacer este ejercicio de cinco minutos, nos ayudará a explicar el contraste entre el líder más popular y con más seguidores momentáneos y la vida de la persona que ha influenciado en usted de manera relevante. Esta es la mejor introducción cuando queremos hablar acerca del contraste entre la mirada de «añadir valor» contra «el tener seguidores». ¿Se da cuenta de por qué apostamos por ser servidores que influyen en las vidas? ¿Necesitamos más argumentos que los que nos hablan en carne propia?

¿Qué prefiere? ¿Aparecer en el periódico o tocar e inspirar la vida de las personas? Por supuesto, hay servidores que aparecen en los periódicos, pero a diferencia de los del primer grupo, ellos no dejan de ser lo que son y no pierden su poder de tocar vidas si no los vemos al día siguiente en los medios de comunicación. Más que «líderes de opinión», son inspiradores de causas trascendentes. No deberían cambiar con la fama o el poder.

Más de un autor mencionó que «el poder del mayor de los dictadores no se compara con el poder de un padre o madre para con sus hijos», y nosotros creemos en esta afirmación.

Creemos que una persona que añade valor a las demás, también trabaja como un descubridor que aviva el fuego que la persona ya tiene o hace las preguntas incomodas para ayudar a clarificar entre lo que vale y lo que solo brilla como hojalata. Por eso cuando hablamos de «añadir valor» no nos referimos a crear dependencia, sino a ayudar a liberar el potencial.

Analicemos la diferencia entre potenciar a las personas para que alcancen su propósito en la vida y convocarlas para que cumplan mi propósito.

La primera busca añadir valor o mejor dicho ayudar a que la persona descubra y desarrolle su potencial, mientras que la segunda está concentrada en cómo conseguir más adeptos a mi causa o como mejorar las técnicas de seducción para tener más seguidores

Existe mucho peligro cuando solo deseamos tener mejores herramientas para liderar en lugar de buscar crecer como personas desde adentro.

Cuando solo queremos ganar adeptos a nuestra causa y para ello aparentamos genuino interés en la vida de las personas a las que queremos convertir en nuestras seguidoras, estamos jugando con fuego, no solo porque el amor genuino no se puede imitar por mucho tiempo, sino también porque nos llevará a un mundo ficticio dónde cualquier cosa puede fallar en el momento menos pensado.

Nos encontramos en una época peligrosa en la que el carisma del líder, cuando va acompañado de cinismo, puede seducir grupos o sociedades enteras, incluso en nombre de Dios o de causas nobles. De esta manera se puede justificar el abuso de poder, abuso espiritual en las iglesias, la barbarie en nombre de grandes ideales o las soluciones a corto plazo que nos condenan a ser guiados por modas en lugar de principios.

¿Quiénes pueden hacerle frente? Ciertamente no aquellas personas que definen su liderazgo en función de cuántas personas le siguen, tampoco aquellos que ponen el servicio como un «requisito» para llegar a ser líderes en lugar de una práctica del liderazgo. No serán capaces de sacrificar los primeros lugares porque en ellos encuentran la fuente de su poder e influencia. No podrán decir «no» a sus seguidores porque en muchos casos se trata de voceros de las modas de turno, y si han basado su popularidad en ser abanderados de una moda saben que ir más profundo puede ser contraproducente para sus fines; son personas expertas en interpretar y repetir el mensaje que deseamos escuchar, aunque no sea verdad o no se comprometan con él. Expertos en entretener pero incapaces de confrontar.

Muchas veces dotamos de herramientas para gobernar o liderar a quienes ven la posición en lugar de la responsabilidad; nuestra tendencia natural es querer estar por encima, no para ondear la bandera de una causa o inspirar a otros, sino para demostrar cuán buenos somos. Dar solo herramientas y pensar que con ello vamos a transformar comunidades, nos puede conducir a ser más eficientes en encaminarnos a ninguna parte. Pero dar herramientas a personas que tienen convicciones nacidas de compromisos personales y buscan fines trascendentes, desencadena cambios transformadores.

La persona que añade valor es consciente de la dignidad de las personas y su valor intrínseco, pero quien solo quiere seguidores deberá luchar por diferenciarse de los demás.

Hoy más que nunca, en un mundo globalizado, «infotoxicado», intoxicado con hiperabundacia de información y diversas opciones a seguir, necesitamos confiar.

¿Quiénes pueden construir confianza? Nos referimos a verdadera confianza: no a ambientes amables, sino a espacios donde tengamos evidencia de que se preocupan por nuestro bien y construyen el bien común. Creemos que los servidores están más capacitados en comparación de los que ofrecen soluciones de tipo «disfruta ahora y paga después» o los que solo nos ofrecen técnicas de liderazgo, pero no nos muestran compromiso para con su causa o respeto para con nuestras vidas.

Solo quienes no esperan las gratificaciones de corto plazo o los primeros lugares, quienes aman una verdad y quieren servirla incluso a pesar de sus propias y reconocidas contradicciones, van a ser capaces de confrontar una moda y, por medio de su servicio desinteresado, se habrán ganado el derecho de ser escuchados para ir tras lo que consideran correcto.

El modelo «tener seguidores» está basado en una relación en la que el primero debe mantener su distancia, debe cautivar, se empeña en poner su visión personal en la vida del resto y se define por las personas que le siguen o admiran. Mientras que el modelo «añadir valor» está basado en que el primero debe engrandecer a las personas que sirve, debe ganarse el derecho para decir la verdad liberadora aunque sea incómoda e impopular, se empeña en descubrir el propósito superior de la persona a la que sirve y busca ayudarla para que alcance ese propósito, se mide por los cambios positivos que puede hacer en la vida de otros.

El líder que busca seguidores sabe que necesita personas para lograr su causa, el servidor sabe que las todas las personas tienen una causa superior por la cual luchar.

El líder que busca seguidores está perdido si su imagen es atacada; debe ganar adeptos, permanecer en el tiempo y tener las respuestas o el poder de atraer a sus seguidores. Mientras que el servidor está perdido si no es consecuente consigo mismo, debe asegurarse de ir tras causas que permanezcan en el tiempo y hacer las preguntas correctas para acompañar a las personas en causas trascendentes.

Más adelante hablaremos sobre paradigmas, ahora debemos concentrarnos en otras diferencias entre la concepción del modelo servidor-personas y el de líder-seguidores. Nos llama mucho la atención, la vida de George Washington Carver, un hombre nacido esclavo y que cuando logró la libertad tuvo que luchar contra la discriminación. Él afirma: «Cuán lejos llegues en la vida depende de que tan tierno seas con los jóvenes, que tan compasivo con los ancianos, que tan solidario con los que luchan y tolerante con el débil y el fuerte porque algún día habrás de ser uno de ellos».

Con estas palabras, mostraba su profunda comprensión sobre lo que significa entender el valor del otro, independientemente del lugar en la escala social donde se encuentre, él lo decía con la grandeza de quien, pese a tener el mundo en contra, se convirtió en un referente científico para la época, generó mucho bienestar para los pobres y fue uno de los precursores que presagiaron el trabajo de E.F Schumacher, otro líder relevante, autor del libro *Lo pequeño es hermoso* y propulsor del movimiento de tecnología adecuada para atacar la pobreza. George W. Carver fue honrado por tres presidentes norteamericanos, el último de los cuales, Franklin Roosevelt, le entregó una medalla a nombre de su nación que decía: «Para un humilde científico que busca la dirección de Dios y un libertador para los hombres de raza blanca así como negra».

La discriminación es una de las caras más viles de la diferenciación, no resalta las virtudes o capacidades de quien quiere diferenciarse, sino que busca destruir el honor de los otros que son diferentes solo para afirmar su identidad. Como toda herramienta mal empleada, hace daño al otro y justifica una imagen falsa que también destruye a quien discrimina.

Por favor, entiéndase que no estamos diciendo que está mal mostrar quiénes somos resaltando nuestras cualidades únicas, lo que consideramos que está equivocado es usar estas diferencias para dominar y anular al otro, en lugar de añadir valor para que el otro florezca.

El paradigma de añadir valor se basa en la dignidad, en saber que todos somos importantes para Dios, que no necesitamos diferenciarnos respecto del otro para ser importantes, que podemos florecer en nuestro campo de influencia o dominio sin necesidad de buscar dominar a las personas. Este paradigma se basa en reconocer que cuando asumimos un rol de importancia no significa que otros sean menos.

Si estamos heridos y pensamos que no tenemos un valor intrínseco, lucharemos por tomarlo del otro, busco que el otro sea menos porque actuó como si no existiera otra forma de que nosotros seamos más o mejores. Así no solo buscamos discriminar, sino que nos mostramos incapaces de alegrarnos con las victorias ajenas.

Con el paradigma de la dignidad nos sentimos agradecidos por lo que somos, luchamos por la excelencia y nos convertiremos en «compañeros de batalla» de quienes también están buscando y luchando por ser mejores. Nos alegrará saber que otros son mejores como nos alegra saber que es posible seguir avanzando, o que hay otros y mejores niveles de vida; será natural alentar a otros para ser mejores, para poder tener amigos con quienes aprender y charlar sobre nuestras luchas y victorias personales.

En nuestra opinión personal, el problema de querer tener seguidores para "alejarse del resto" se basa en ser «merecedores» o «controladores». Surge cuando nuestros padres, nuestro primer referente de Dios, de la inteligencia superior, del arquitecto mayor, estuvieron ausentes o nos dijeron con sus palabras o hechos que no éramos importantes.

Por eso, ahora nos pasamos la vida buscando demostrar que somos importantes. Y es que Dios sembró en nosotros la dignidad de ser seres creados a su imagen y semejanza[2] por lo que buscamos ser importantes, pero usando medios erróneos en lugar de encontrar nuestra propia valía personal para florecer en nuestros propios campos de dominio para traer el bien que nuestro mundo necesita.

Entonces, en oposición al paradigma de añadir valor a las personas, el paradigma del líder-seguidor es el de la diferenciación, otra vez, no hablamos de valorar la diversidad, sino de sentir la necesidad de ser reconocidos como superiores respecto del otro, porque en el fondo necesitamos ser reconocidos como importantes, tal vez porque no nos sentimos así ahora o no lo sentimos así durante nuestra infancia.

---

[2] Nos es imposible creer que somos tan solo otro tipo de animales diferenciados por habilidades o prácticas distintas. Al comportarnos así, estamos llevando en nuestro interior una raíz de amargura que nos subleva ante esta injusticia. Buscaremos algún dios creado por nosotros al cual parecernos o desearemos ser nuestros propios dioses. Esto solo aumentará nuestro desconcierto o nos llevará a seguir modelos que nunca podrán satisfacernos.

Continuamente estamos luchando por ser merecedores en lugar de sentirnos agradecidos por merecer. Alex Pattakos, citando a Martín Buber, menciona que podemos tener dos actitudes opuestas frente a los demás y cada una constituye un tipo de relación diferente, en la relación «Yo-Ello», tratamos a los demás como objetos y esperamos siempre algo a cambio. En la relación «Yo-Tú», nos relacionamos con los demás basándonos en el respeto, la amistad y el amor. En otras palabras: vemos a los demás como objetos útiles para nuestros propósitos egoístas o los tenemos en consideración por su propio valor intrínseco, más adelante el mismo Pattakos cita a Jonathan Edwards quien menciona que la identidad de un individuo no procede de sus diferencias con los demás, sino de su relación con su prójimo[3].

Si estamos inmersos en la lógica de añadir valor, hacer crecer a las personas ya no será una manera útil de alcanzar nuestra visión y misión personal, sino una oportunidad para un relacionamiento que genere riqueza entre buscadores de grandeza. Los servidores eficaces amamos la grandeza interna y el sentido de logro.

Es evidente que toda persona necesita reconocimiento y aprecio, decir lo contrario es negar que seamos seres sociables, la clave está en cómo obtenemos ese aprecio. A lo largo de este libro, presentaremos distintas maneras en las que el servidor se nutre de reconocimiento y aprecio, sin tener que buscar seguidores o mejores posiciones para afirmar su valía y logro personal.

Es importante aclarar que podemos estar alineados con la visión de otro. Esto puede ocurrir cuando descubro que nuestra visión es muy similar, o cuando entendemos que ella puede estar incluida en la de otro, pero siempre debemos tener claro nuestro propósito de desarrollar de manera auténtica nuestra vocación y no imponer una visión a otro.

El líder con seguidores huye del fracaso, el servidor de personas abraza sus contradicciones y aprende a construir relaciones auténticas para superarlo.

---

[3] Alex Pattakos, *En busca del sentido. Los principios de Viktor Frankl aplicados al mundo del trabajo*, p. 55

Hemos aprendido durante nuestro caminar que el trabajo de quien quiere liderar desde adentro no es perseguir el éxito a toda costa, es aprender a atravesar desiertos y subir montañas.

En los desiertos reconocemos nuestras limitaciones y aceptamos que necesitamos de otros, no dependemos de ellos para ser mejores, pero aceptamos que necesitamos complementarnos para lograr cosas superiores a nosotros mismos, allí también podemos pasar por el proceso que Agustín de Hipona ilustra en una frase célebre «Conócete, acéptate, supérate». Luego vendrán los retos de escalar montañas y encontrar cumbres que paradójicamente nos mostraran valles a los que debemos bajar para subir a otras montañas más altas.

Renunciamos a tener todo bajo control y reconocemos nuestra propia vulnerabilidad, descubrimos que tenemos sed y que a veces estamos secos, en este proceso aprendemos a tener menos miedo del fracaso y subimos las montañas sin más peso que la pasión por querer dar lo mejor de nosotros, luego podremos bajar de la montaña sin querer hacer de la cima una casa, bajamos para ir a buscar otra montaña que vimos cuando estuvimos en la cima. De otra forma, iremos tras la casa y perderemos nuestro hogar. Querremos cuidar el castillo que hemos obtenido y perderemos la compañía de los que nos acompañaron en el trayecto.

Podemos perdernos en el camino si solo nos vemos a nosotros mismos, y eso, así lo llamemos éxito, no es sino una manera de desperdiciar nuestra vida con mas o con menos satisfacción

¿Cómo nos podemos dar cuenta de esto?

Cuando huimos del fracaso y lo ocultamos antes de aceptarlo y aprender de él, entonces estamos en un modelo de «líder-seguidores», en el que tenemos que mostrarnos perfectos, mártires, o miembros de una casta superior (esto solo trae cinismo a nuestra vida y una pérdida enorme de energía).

Cuando siempre tratamos de estar al mando y mantener el control, somos incapaces de reconocer que no somos Dios y que no todo depende de nosotros, negamos las fallas, las disfrazamos de victorias «distintas». Nos mostramos incapaces de vivir el dolor y aprender de él para ser mejores, incapaces de tener nuestros propios «duelos» por las perdidas e incapaces para mostrar nuestra vulnerabilidad.

En el modelo «añadir valor», las relaciones pesan mucho más que los éxitos pasajeros, por lo tanto, el deseo de construir relaciones auténticas nos impulsa a aceptar nuestros fracasos, y buscar personas que hayan superado los mismos retos para aprender de ellos sin ningún tipo de vergüenza, celebrando y agradeciendo que estén allí.

Como lo mencionamos, este modelo de liderazgo está basado en la aceptación de nuestra vulnerabilidad y en establecer vínculos reales. En los desiertos reconocemos nuestras limitaciones y aceptamos que necesitamos de otros, no dependemos de ellos para ser mejores, pero aceptamos que necesitamos complementarnos para lograr cosas superiores a nosotros mismos, allí también podemos pasar por el proceso que Agustín de Hipona ilustra en una frase célebre «Conócete, acéptate, supérate». Luego vendrán los retos de escalar montañas y encontrar cumbres que paradójicamente nos mostraran valles a los que debemos bajar para subir a otras montañas más altas.

Como vemos, este libro no está dedicado a los que ven el servicio como el único camino que queda cuando no es posible lograr otros triunfos en la vida, sino está dedicado a quienes deciden ir tras la mejor versión de sí mismos en la que su legado tenga mayor valor.

SOBRE EL AÑADIR VALOR

Imaginémonos que hemos descubierto un rompecabezas hecho de oro puro, y que deseamos «añadir valor» al rompecabezas.

Primero, deberíamos entender de qué se trata el cuadro final para ver si las piezas están en el orden correcto y, luego, ponerlas pieza por pieza. Pero imaginemos que no tenemos la visión en su conjunto, que solo tenemos una idea vaga de acuerdo a las figuras de otros rompecabezas que armamos, peor aún, imaginemos que tenemos barro en nuestras manos y que como vemos que las piezas no encajan en la figura incorrecta que nos hemos hecho en la mente y que queremos armar según nuestro propio marco de referencia. Entonces nos fabricamos una pieza de barro para «completar» el cuadro.

¿Le añadiremos valor al rompecabezas realmente?

Las personas que deseamos «añadir valor», no somos las que ponemos de nosotros mismos en las otras personas como si a los demás les faltara algo que tiene la otra persona, salvo que la otra persona quiera jugar a ser Dios en la vida del otro. Estaremos distorsionando el panorama e impediremos descubrir y desarrollar el potencial de la otra persona.

En los capítulos posteriores, compartiremos algunas reflexiones sobre el descubrir, desarrollar y liberar el potencial, así como las implicaciones que esto tiene en nuestra aproximación hacia las personas a las que deseamos servir sinceramente. Necesitamos distinguir entre ayudar a crecer y querer imponer nuestro guión personal en otros.

 **por si quieres hacer un alto para asimilar mejor conceptos:**

1. Si añadir valor es mas importante que tener seguidores; ¿Por qué crees que sea mas popular el buscar tener seguidores?

2. ¿Cuáles son las diferencia que para ti son mas saltantes entre el modelo "Tener seguidores" y el "añadir valor"?

3. ¿Recuerdas algún "desierto" y alguna "montaña" en tu vida? Te cuesta conectarlas o puedes verlas como parte de un mismo relato.

Definición del servidor eficaz

El líder-siervo es siervo primeramente. Todo comienza con el sentimiento natural de que uno quiere servir primero. Luego la elección consciente lo trae a uno a aspirar liderar. Esa persona es rigurosamente diferente de uno que es primero líder.
Robert K. Greenleaf

Peter Drucker decía que un directivo eficaz es aquel que convierte las fortalezas de las personas y de la organización en productivas y procura hacer irrelevantes sus debilidades. Esto tiene que ver mucho con el concepto de servidor eficaz que desarrollaremos.

Un servidor eficaz es quien busca tocar la vida de otros para potenciar su crecimiento con el deseo de acompañarlos en la construcción de obras que trascienden sus propias vidas. La eficacia siempre estará relacionada con resultados concretos, tiene que ver directamente con personas con nombres y apellidos, en tanto que la eficiencia se relaciona con los procesos.

Con esto no hacemos referencia a una etiqueta más para el tema del liderazgo. No se trata de una estrategia más para ganar seguidores a través del servicio. Se trata de engrandecer a las personas a las que uno sirve, buscar que crezcan tanto como uno y celebrar si logran mayores victorias. Sin mas agenda que verlos crecer.

No exageramos cuando hacemos referencia a los cientos de libros que hablan sobre liderazgo, el líder participativo, el líder sinérgico, el líder exitoso, el líder dictador, entre muchos otros similares. Anímese a escoger un adjetivo y es posible que encuentre bibliografía y referencia diversas sobre el tema. No queremos establecer juicios de valor sobre estos libros pues cada uno tiene un aporte; de hecho, hemos aprendido muchísimo de ellos. Sin embargo, queremos destacar que este libro no está centrado en el tema líder-seguidor y por ello no nos concentraremos en cómo ser mejores líderes, sino en cómo ser mejores servidores añadiendo valor a las personas.

Para citar referencias sobre el liderazgo que se basa en principios y victorias internas, podemos recurrir a una de las definiciones de liderazgo que coinciden con el servicio. Jhon Maxwell entre otros dice: «un líder es una persona que influye».

¿Se puede ser una persona que influye —léase que ejerce liderazgo—, pero no busca tener seguidores, sino engrandecer a la persona a la que sirve sin tener que menospreciarse? Al igual que muchos otros, creemos que sí se puede, y creemos también que para un servidor eficaz esto es naturalmente posible.

Un servidor eficaz es una persona que influye positivamente en otras para generar cambios de los cuales él mismo puede dar fe. Consideramos por ello más útil el término de *servidor eficaz* que el de *servidor líder*.

Hay dos elementos más que nos deben acompañar en la descripción del servidor eficaz:

NO SE SIENTE INFERIOR PORQUE SIRVE

En medio de una batalla a inicios del siglo pasado, justo antes de que los cañones tengan que disparar, a un soldado le habían dado el encargo de apilar barriles de pólvora para estar preparados en el combate. El soldado con ayuda de unas maquinas logró poner los barriles alineados uno encima del otro, pero para su mala suerte un barril que estaba arriba empezó a tambalearse, así que el soldado corrió a estabilizarlo manualmente; con pánico descubrió que le faltaban fuerzas para no dejarlo caer y lo único a lo que atinó fue a jalar a la primera persona que pasó por allí. Le gritó violentamente algunas instrucciones para que le ayudara y entre ambos, colaborando codo a codo, y evitaron una tragedia. El soldado sonriente le dio un abrazo a su compañero y no aguantó el deseo de jalarle los bigotes solo como una expresión de gratitud a la vez que le decía de manera campechana «flaquito me salvaste la vida», pero no llegó a terminar la frase porque se dio cuenta de que ese «flaquito» al que había jaloneado, gritado y abrazado con jalón de bigotes incluido era nada menos que el general del batallón. El soldado no sabía qué hacer, se puso pálido y empezó a balbucear una excusa mientras buscaba que le tragase la tierra, pero el general solo atino a sonreírle y abrazarle para quitarle el susto al tiempo que le decía: «No te preocupes, entiendo que hacía falta e hicimos un buen trabajo, agradece que no soy un teniente». Creo que muchas veces actuamos como «tenientes» aferrados a un cargo con el cual cuidamos de diferenciarnos para «no perder autoridad» cuando no nos damos cuenta de la grandeza que podemos tener como generales que están centrados en ganar una batalla.

Un servidor eficaz es una persona libre de complejos de inferioridad o ataduras que lo humillen frente a otros; descubre lo que más de uno denominó «grandeza interna», aquella que le permite vivir compartiendo y construyendo realidades superiores a uno mismo.

NO SE OLVIDA DE LOS RESULTADOS

En el libro *El mundo según Peter Drucker* de Jack Beatty, se ilustra el peso que el padre de la gerencia moderna daba a los resultados, particularmente nos quedamos con estas afirmaciones: «Los resultados provienen de explotar las oportunidades no de solucionar los problemas. Para obtener resultados hay que adecuar los resultados a las oportunidades no a los problemas». Un servidor está más orientado a obtener resultados que a demostrar la grandeza de su ego o demostrar su capacidad. Quizás la mejor manera de tener resultados duraderos es haber empezado forjando relaciones solidas con las personas que te acompañaran para el logro de esos resultados, porque los resultados realmente valiosos no son resultados de una sola persona, y esto lo puede manejar mejor una persona concentrada en el servicio de una causa superior que una persona obsesionada con demostrar su performance.

Un servidor eficaz tiene objetivos claros; como citaría S. Covey: «eficiencia es hacer correctamente las cosas, eficacia es hacer las cosas correctas». Podemos estar empeñados en arreglar una casa de la manera más eficiente, pero si nos equivocamos de casa, nunca seremos eficaces. Un servidor eficaz está orientado por una brújula y busca resultados concretos para personas con nombre y apellido, en lugares y tiempos precisos.

Decir que no hemos logrado resultados porque pusimos las relaciones primero es una excusa que ofende a las personas con las que construimos relaciones. Max De Pree decía que la primera responsabilidad de un líder es definir la realidad, la última es dar las gracias, entre estas dos responsabilidades, el líder es un siervo. Relaciones fructíferas nos dan resultados relevantes, no siempre es al revés salvo que administremos un campo de concentración.

Quizás con relaciones fructíferas no consigamos resultados egoístas, pero si podemos lograr resultados que son más importantes que nuestro solo desempeño. Durante nuestros años de trabajo en la promoción social hemos descubierto el valor de lo que ahora se llama el empoderamiento. El empoderamiento no es solo dar poder a las personas para que hagan lo que deseen hacer, con esto solo tendremos resultados de corto plazo que pueden ser contraproducentes.

Hace muchos años nosotros incrementamos el nivel de producción de una comunidad campesina y nos ufanamos con los logros, pero descubrimos que esa bonanza económica, fruto del incremento abrupto de los ingresos, significó mayor índice de alcoholismo, más maltrato familiar y más familias quebradas por el mal uso del dinero.

Empoderamiento es más que dar poder, es entender las implicancias de nuestras decisiones y también asumir la responsabilidad de las mismas. Y esto solo se logra construyendo relaciones que te permitan no solo transferir recursos, sino ganarte el derecho a ser escuchado a otro nivel, el nivel donde podremos reconocer nuestras debilidades en confianza y reflexionar de manera conjunta sobre las implicancias de nuestras decisiones, por eso las relaciones significativas importan mucho para lograr resultados relevantes.

Recordemos: Un servidor eficaz, no se siente inferior porque sirve, cuida las relaciones y los resultados, sabe por qué y para qué sirve. Nunca debería servir a los demás solo por razones jerárquicas, salvo que esté preso en alguna cárcel. Un servicio al margen de una causa trascendente puede degenerar en la ensimismación de un uno mismo, poniéndonos el ego en lugar en el que debería estar el propósito trascendente que se quiere lograr. Henry Nouwen hablando del servicio centrado en uno mismo menciona: «La búsqueda de uno mismo en el servicio conduce a la manipulación; la manipulación, a los juegos de poder; los juegos de poder, a la violencia; y la violencia, a la destrucción»[4].

---

[4] Henry J.M Nouwen, *El señuelo de la Movilidad ascendente*, 2007.

 **para asimilar mejor los conceptos:**

1. ¿Dónde crees que están las "mejores" escuelas de "tenientes"?

2. ¿Te animas a escribir tu propia definición de "servidor eficaz"?

3. ¿Porqué crees que muchas personas ven las relaciones como obstáculos para los logros?
▀▀▀▀▀▀▀▀▀▀▀▀▀▀▀▀

La organización basada en el honor

> *Percibir placer en el trabajo significa implicarse con el alma, mostrar gratitud y apreciar lo que se hace... La confianza es el inicio de una empresa, el goce es parte de la misma y el amor el corazón de todo.*
>
> *Öystein Skalleberg*

¿Cuál es el ambiente natural de un servidor que influencia? ¿Dónde puede desarrollar todo su potencial sin tener que estar dando explicaciones, ser obstaculizado o ser usado por eternos vividores del talento o la generosidad ajena?

El ambiente ideal para que los servidores eficaces desarrollen su visión es la organización basada en el honor, o mejor dicho, el organismo basado en el honor. Un servidor siente que el ambiente natural donde puede expresarse, contribuir, correr y realizarse personal y profesionalmente, está en este tipo de organismo, que para evitar confusiones llamaremos «organización basada en el honor». Las organizaciones eficaces se ven mejor reflejadas en un organismo que en un organigrama.

El honor está íntimamente ligado a la valoración de la persona por lo que es y no por lo que tiene, darle el peso real y tomar en serio sus sueños.

Consideramos que cada vez es más evidente que las instituciones reconocidas por su gran eficacia se asemejan más a un organismo que a una organización estática, donde no hay mayores interrelaciones que las establecidas en los manuales de roles y funciones.

En un cuerpo las interrelaciones son más dinámicas y las partes interactúan de muchas maneras. Así como el cuerpo tiene un espíritu, la organización tiene una visión y misión. Así como el cuerpo tiene un alma, la organización tiene una cultura y valores. Y así como el cuerpo tiene una apariencia física, la organización tiene una serie de sistemas y estructuras que buscan cumplir la misión institucional ejecutando un presupuesto.

¿Qué sería el corazón? Sería el honor, el respeto por la dignidad y fe en la potencialidad de las personas, porque es una fuerza que «bombea» un trabajo alimentado por la nobleza y el deseo de encontrar cambios auténticos en las realidades donde le toca intervenir.

Sin embargo existe una paradoja tremenda en el ser humano que pone su palabra a la altura de lo que él desea ser. Sus conceptos de honor, respeto y dignidad son altos, sin embargo constantemente está buscando nuevas formas de maquillar los cambios en sus compromisos, relativizar sus promesas e institucionalizar la infidelidad. Pese a ello, aún en lo más profundo del ser, queda la certeza de los conceptos de honrar y ser honrado, valorar y ser valorado, respetar y ser respetados, nociones que van más allá de un aprendizaje cultural y tienen asiento en la convicción de la dignidad humana.

Así como muchas enfermedades que se manifiestan en el cuerpo tienen origen emocional, también muchos resultados magros en las instituciones son originados por contradicciones internas entre los miembros de este cuerpo. Estas contradicciones pueden surgir de la incongruencia entre la persona y la misión y visión de la empresa, o de problemas de relacionamiento entre los integrantes que, para el ejemplo, vendrían a ser las personas de la institución en la que trabajamos.

Dentro de este «organismo», los miembros interdependientes se impregnan de la visión institucional (la cual es capaz de contener sus propias visiones), interiorizan la misión y deciden, voluntaria y entusiastamente, alinear sus relaciones y metas con las de la organización. El rol de los lideres es ayudarles a crecer y expresar su potencial o «florecer» con lo que hacen en el trabajo, cuidar de corresponder o valorar cuando ellos dan más de lo que se supone deberían dar, haciendo de lo ordinario, extraordinario.

CINCO CARACTERÍSTICAS DE UNA ORGANIZACIÓN BASADA EN EL HONOR

I. LÍDERES TRANSPARENTES

Existe un tremendo poder en quien decide ser vulnerable frente a las personas que sirve, no me refiero al cínico que ensaya cuando soltar una lágrima en el discurso, sino a quien reconoce sus limitaciones y pide apoyo para lograr cosas que no podría sacar adelante sin el equipo. Esa persona, al abrir su corazón, puede comunicarse a otro nivel con las personas, conectarse con el centro de la voluntad y mostrar que, pese a las limitaciones, es posible salir adelante, hablar con pasión sin ser un motivador calculador, estar convencido de que es posible salir adelante pese a nuestras contradicciones.

Por supuesto que podemos convencernos que podemos salir adelante sin mirar nuestras limitaciones, eso es otra manera de ser necios, no nos referimos a este tipo de soberbia que nos lleva a lugares en los que jamás deberíamos estar. Nos referimos a la persona que no se toma muy en serio, que comparte de sus cicatrices, aquellas heridas sanadas y habla con la autoridad del que aprendió de sus errores generando un ambiente de aceptación.

En cierto sentido, un líder transparente debería ser como el animador de una reunión de Alcohólicos anónimos, personas que saben que son débiles y que están en un proceso de rehabilitación en el que la transparencia es un bien no negociable.

A estas alturas nos dirán que este tipo de liderazgo está dejando bombas de tiempo en contra suya que los propios seguidores usarán para eliminarlo, pero les recordamos que se trata de organizaciones basadas en el honor, donde la gente ha reconocido el valor intrínseco del otro. En las organizaciones que no se basan en el honor sino en el desprestigio, aun los líderes de las organizaciones más «morales» tienen que gastar mucha energía para no ser descubiertos, esto pasa incluso con pastores, sacerdotes y cualquier otra organización religiosa.

Las personas que están al frente deben tener victorias privadas para poder evidenciar victorias públicas de largo plazo en la institución. Warren Bennis menciona que «el proceso para ser líder es muy parecido al proceso para ser un ser humano íntegro, el carácter cuenta más que cualquier otra cualidad». El carácter tiene que ver con nuestra actitud mental y moral, es el fuero interno donde nos miramos y decimos «este soy realmente yo».

El carácter siempre sale a relucir, ya sea expresándolo verbalmente o evidenciándolo por medio de nuestras acciones o actitudes; la personalidad puede impresionar durante un tiempo, pero tarde o temprano el carácter demuestra quiénes somos en realidad.

Se trata de ser una persona con una vida que pueda leerse al revés y al derecho, no un ser perfecto, pues eso solo lleva al cinismo o a la esquizofrenia emocional; ser una persona que sabiéndose vulnerable sabe que puede mejorar y que está dispuesta a aceptar ayuda. Una persona que se ha entercado en levantarse apenas se cae en lugar de disfrazar su caída o hacerla ver políticamente correcta.

Este tipo de líder escuchará a quienes sirve, no como muestra de indulgencia frente al que está abajo, sino como una necesidad nacida de la convicción de sus propias limitaciones y la importancia del aporte del compañero. Las personas que están al frente y tienen autoridad son claves, porque así como en un cuerpo hay ADN que se reproduce en cada célula, también el carácter de los líderes se impregna en la cultura institucional.

La autoridad emanará de un poder basado en principios. S. Covey menciona que este poder «se origina cuando los valores de los seguidores y los del líder coinciden. No es algo forzado sino voluntario, puesto que las agendas personales del líder y de quienes lo siguen coinciden hacia un fin superior».

En este nivel estamos tratando con una persona a quien le ha tocado estar adelante por la autoridad delegada, no por sus seguidores, sino por personas que le entregan en partes iguales autoridad y responsabilidad para dar dirección al cuerpo y tomar decisiones oportunas.

II. LÍDERES COMPROMETIDOS

Dos granjeros, amigos de la infancia estaban tomándose unas copas al final del día, y como suele suceder cuando llegaron al momento de expresar su afecto uno por el otro, empezaron los clásicos ofrecimientos. «Manolo —le decía uno—, si yo tuviera 100 vacas, no podría dejar de compartir contigo, hermano de mi alma. 50 vacas serían para ti y 50 para mí. ¡Imagínate lo que haríamos juntos!». Su amigo Manolo, le replico con otra pregunta, «¿Y si tuvieras 40 vacas?», «Ni hablar —le replico el granjero inmediatamente— 20 serían para ti y 20 para mí., Podríamos crecer juntos». Entonces Manolo, que al parecer no estaba tan emocionado como su amigo, volvió a preguntarle «¿Y si tuvieras 20 vacas?, ¿qué harías si tuvieras 20 vacas?». Hubo un silencio sepulcral y luego de un par de minutos, su amigo respondió: «Manolo, eso no se vale, porque las 20 vacas sí las tengo».

¿Les ha pasado lo mismo, cuando sueñan con ganarse la lotería o algo parecido? Su compromiso con lo que tienen ahora demuestra qué es lo que van a hacer realmente con lo que suceda o tengan después. Si no demostramos compromiso con la gente a la que servimos ahora, no esperemos que cambien esas condiciones para demostrarles compromiso en el futuro. Los seguidores se desentienden del liderazgo y muchos líderes se desentienden de los seguidores y esto es por la falta de compromiso, o por falso compromiso, aquel en que podemos declarar con lágrimas en los ojos lo mucho que valoramos el esfuerzo, pero que después despreciamos cuando lo que la gente da se convierte en cualquier cosa menos en la razón por la cual la persona hizo el esfuerzo.

En el caso de los servidores eficaces, esto nunca será así: ellos siempre estarán conscientes de que tienen entre sus manos una autoridad delegada con la que no van a jugar a ser Dios, saben y sienten que cuando están en situación de autoridad son parte del cuerpo a quien deben rendir cuentas. Esto también les brinda herramientas para lograr resultados con la participación de los demás. Un servidor en posición de liderazgo sabrá honrar las segundas millas que recorren quienes están en su equipo, no necesariamente monetariamente, pero si reconociendo el sacrificio que esto implica.

Nunca debería sentirse orgulloso de que su gente trabaje más horas de las necesarias porque les estará diciendo que no valora el tiempo que ellos deben pasar con sus seres queridos o para crecer personalmente. Pero cuando esto suceda el debe mostrar que valora el esfuerzo y que está agradecido de corazón a nombre de lo que se deben lograr como equipo.

III. LÍDERES QUE HACEN CRECER A LAS PERSONAS

Se habla mucho del líder como cabeza de un cuerpo, si entendiéramos las reales implicancias de esta aseveración, seriamos menos proclives a magnificar la posición por encima de la función, el principal rol de una «cabeza» es ayudar a que todo el cuerpo pueda crecer de manera armónica, que el resto de los miembros puedan añadirse valor mutuamente para el logro del objetivo mayor y que la organización se desarrolle, no solo crezca.

Ser «cabeza» es ser el centro de recepción y de interconexión que necesariamente debe canalizar los recursos al resto del equipo para tomar las decisiones.

Las decisiones no se hacen solo con la cabeza, las decisiones involucran mucho más que nuestros pensamientos. Involucran nuestros sentimientos, valores, voluntad y pensamientos, por eso una buena decisión debe ser tomada junto con el corazón.

Quien entiende este modo de ver las cosas, y esta «al mando» o en la «cabeza», será más proclive a escuchar y construir consensos, sabiendo que eso no será excusa para no tener que trazar la ruta, resolver crisis y comprometerse con el crecimiento de las personas durante el camino. Porque en una organización basada en el honor, se logran metas y se desarrollan las personas

IV. EQUIPO COMPROMETIDO

Todos se sienten parte del «organismo», pues creen en la misión y apuestan también por la visión que sustenta a la persona que le tocó liderar; saben que pese a sus contradicciones personales y, reconociendo la diversidad de percepciones, están seguros de que el que está al frente es sincero en su búsqueda y deseo de llevar a la organización a buen puerto. No se trata de un mesianismo afincado en el hombre, se trata de apuntar a un fin superior y organizarse para el trabajo a largo plazo entre

Parte de la tarea de los servidores que están dentro de la organización será dar honra a los miembros del equipo con los que se trabaja. Esto implica desde respetar sus aportes en el trabajo hasta proteger en la medida de nuestras posibilidades su buen nombre ante los demás. No necesariamente se refiere a proclamar las virtudes o hechos heroicos de las personas que trabajan.

V. ACEPTACIÓN COMPARTIDA

La humildad y aceptación deben predominar sobre la dirección vertical, entendiendo la humildad no como una degradación de la valía personal, sino como la actitud de respeto y reconocimiento del talento del compañero. Se requiere más poder y valentía para afirmarse por el valor de las ideas más que por el peso del cargo.

En una organización basada en el honor es importante recordar que trabajamos con servidores y no con superestrellas. Hay colaboradores que pueden ser abnegados en su labor, pero por alguna razón misteriosa siempre nos enteramos que tienen una mentalidad que reclama para ellos reconocimiento por lo que hacen o por lo que sufren para hacerlo, en caso contrario abandonan el trabajo.

En cambio, los servidores que trabajan con objetivos claros, más que reconocimiento personal, necesitan saberse útiles y apoyados para el logro del objetivo mayor. Estos servidores no se preocupan de lo que ya pasó, más bien van construyendo con sencillez el futuro, sabiendo que les toca establecer bases sólidas en el presente.

Más adelante hablaremos de los estragos que ha causado una mala comprensión de la humildad, pero queremos precisar que la aceptación no significa complicidad; la aceptación implica tolerancia desde la mirada de la compasión de quien reconoce sus propias fallas y está agradecido por el apoyo de los demás para salir adelante, pero la complicidad significa ser copartícipes de los errores ajenos y esa es una de las peores maneras de perpetuarlos hasta que la persona que los comete se vaya autodestruyendo.

A veces en nombre de la tolerancia. No queremos reconocer nuestra incapacidad para confrontar o nuestro deseo de crear un ambiente laxo que justifique lo injustificable porque no queremos salir de allí.

El arquetipo de una organización basada en el honor debe ser como una Iglesia en la que todos los miembros saben que son parte del otro y sienten que el crecimiento es un proceso de interdependencia; un lugar donde todos apuntan a un fin superior, de donde proceden los estándares de relacionamiento (amor y respeto mutuo), de rendición de cuentas (transparencia, confesión y perdón mutuo). De ella también proviene la visión que es descubierta por medio del trabajo y en la que los talentos se definen a partir de lo que los miembros son capaces de construir y generar. Aunque no conocemos una iglesia local que represente a este arquetipo, creemos que en la diversidad de Iglesias se encuentra el desarrollo de muchas de estas cualidades.

BAJEMOS NUESTRAS EXPECTATIVAS

No esperemos la organización perfecta, esto solo trae frustración y desesperanza. Sin embargo, no nos cansemos de mejorar nuestro entorno, las victorias de otros nos confirman que es posible ser mejores. El hecho de ver cualidades aisladas en distintas organizaciones nos confirma que es posible desarrollar nuestra organización hacia este modelo.

LA PRUEBA ACIDA

Proponemos un grupo de preguntas que le ayudarán a comprobar si es parte de una organización basada en el honor o con potencial para serlo. Recuerde que el libro es para servidores que quieren ser eficaces, no para superestrellas que están buscando víctimas a quienes culpar de los errores, por ello considere que esta lista no fue elaborada para culpar a la organización, como no se puede culpar a la pista cuando chocamos por exceso de velocidad, sino para que, por medio de la respuestas y las repreguntas que se haga, vea cómo puede ser agente de cambio en organizaciones donde se asume la responsabilidad de agregar valor

1. ¿Pagaría por ser parte de la organización?
2. ¿Se siente orgulloso de ser parte de ella?
3. ¿Tiene ganas de agradecer a sus compañeros como si fuera el dueño de la empresa?
4. ¿La visión de la organización satisface su visión personal de lo que quiere para su vida?
5. ¿Le apasiona lo que puede hacer por medio de ella?
6. ¿Hay espacios para interactuar y ejercer influencia positiva sobre el resto?
7. ¿La autoridad emana de la consecuencia con la misión y los valores que se proclaman en la empresa?
8. ¿Se ve el servicio como una oportunidad y no como un castigo?
9. ¿Se cuida la honra y el buen nombre de las personas y la institución por encima de las utilidades o ventajas que pueda obtener la organización?
10 ¿Hay espacios para mostrar vulnerabilidad y aprender de los errores en un clima de confianza y superación mutua?
11 ¿Hay espacio para aprender de los demás?

CÓMO CONSTRUIR UNA ORGANIZACIÓN BASADA EN EL HONOR

Como aprendices, no pretendemos dar una receta; solo queremos aplicar un principio que siempre da resultados:

«Empieza por ti mismo».

No seamos unos revolucionarios de café, ya tenemos bastantes. Si la organización basada en el honor está construida por servidores eficaces que construyen a partir de un fin superior a ellos mismos, entonces empecemos por ser también servidores eficaces, así de simple.

Cada vez más autores coinciden en que más importante que tener una visión y misión idílicas, es juntar a las personas adecuadas en pos de un sueño común; se empieza a ver el liderazgo como un esfuerzo colectivo en lugar del trabajo de un mesías.

Nosotros estamos convencidos de que los servidores eficaces formarán de manera natural una organización basada en el honor, porque ella solo reflejará lo que hay en sus corazones. Aún a pesar de sus contradicciones, mientras se levanten para ser fieles con ellos mismos, la organización gozará de buena salud, sea para hacer pan o para transformar una ciudad, siempre dentro de una visión de trascendencia.

Estamos convencidos del poder transformador del servicio eficaz que toca a las personas y las reta a ser mejores. Y si luego de un esfuerzo sincero, un servidor eficaz se da cuenta de que no puede ir más allá con su organización por «incompatibilidad de caracteres», podrá salir por la puerta grande porque habrá influenciado en su entorno haciendo con diligencia lo que te tocaba hacer.

Creemos también que el éxito de los individuos determinará el éxito del grupo. No creemos que exista incompatibilidad entre el crecimiento personal y el crecimiento de la organización, al contrario puede haber sinergia y retroalimentación mutuas. Entiéndase bien, no estamos tratando de reducir solo a cambios personales los requerimientos para que haya cambios estructurales, es obvio que existen superestructuras que favorecen el empobrecimiento de la organización, nos presionan, nos seducen y siempre nos invitan a justificarnos o tomar atajos.

No pretendemos disertar sobre cómo cambiar el mundo, queremos mostrar la importancia y la necesidad de ser servidores eficaces y cambiar el entorno en el que tenemos influencia inmediata, solo entonces haremos que nuestra influencia crezca. Debemos dar los pasos para construir en nosotros mismos las raíces que nos alimentarán en el servicio eficaz.

En las próximas páginas, compartiremos principios para ser servidores eficaces y algunas herramientas para incrementar la eficacia en el servicio, siempre desde la perspectiva de un aprendiz ilusionado.

 **para asimilar mejor los conceptos:**

1. ¿Cómo te imaginas una organización basada en el des-honor y/o la diferenciación?

2. ¿Te animas a mencionar 5 características que para ti serían claves en una organización basada en el honor?

3. ¿Porqué crees que las organizaciones basadas en la discriminación y/o des-honor son mas comunes de lo que deberían ser?

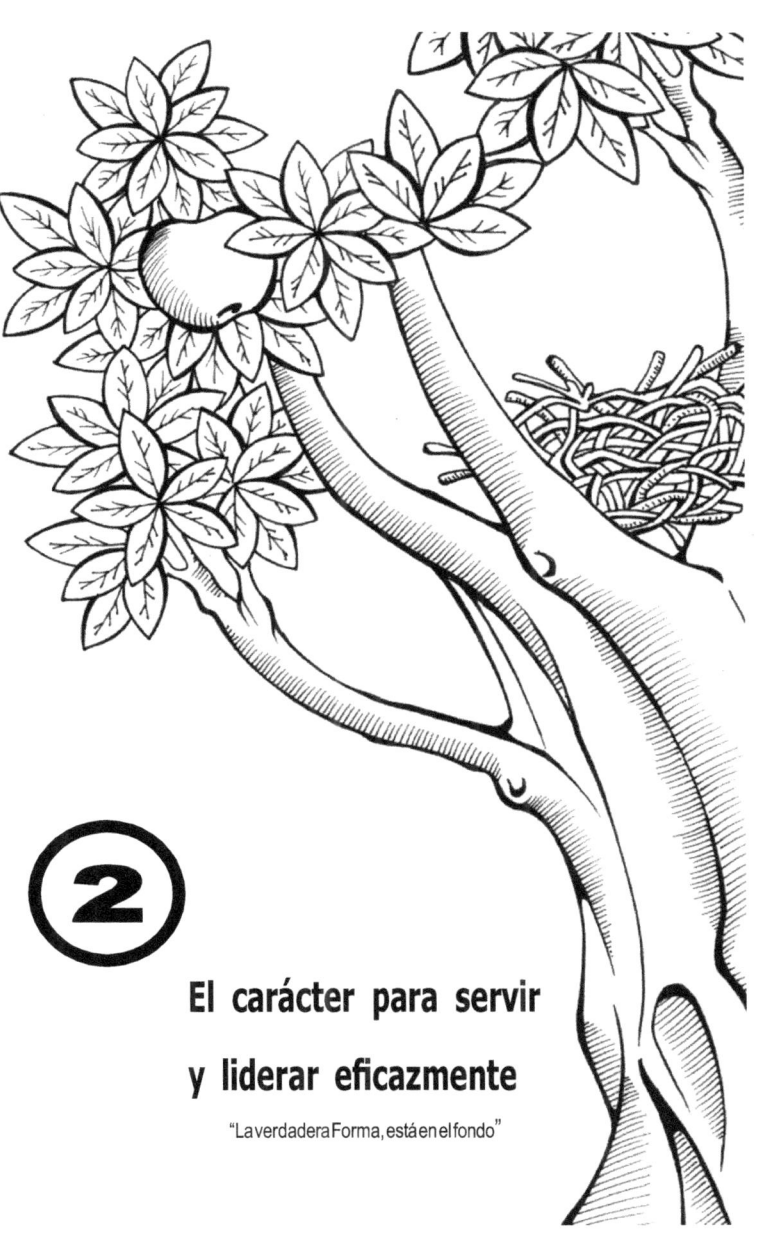

2

El carácter para servir y liderar eficazmente

"La verdadera Forma, está en el fondo"

S. Covey decía que si uno quiere despertar confianza, debe ser digno de confianza y de eso trataremos en esta parte del libro. No dedicaremos mucho tiempo a mencionar las características de un servidor que influye eficazmente para lograr cambios positivos. Nuestro sentido común nos ayuda a identificar las características de aquellas personas que, por medio de su servicio desinteresado, nos han tocado profundamente.

Cada uno de nosotros puede elaborar su propia lista, especialmente personas como usted, que se animó a leer el libro con el deseo de aprender más sobre el servicio o encontrar herramientas para influir en la vida de los demás y cumplir un propósito trascendente.

De manera natural, cuando se descubre el poder del servicio eficaz, se mira las características del servidor y se dice: «yo quiero ser así», no solo para el desarrollo de la institución, sino también para ser mejor padre o madre, hermano, profesional, etc.

La lista podría incluir estas características:
- Sencillez
- Visión clara
- Humildad
- Enfoque en los demás
- Seguridad en lo que tiene para compartir
- Deseo de hacer el bien
- Claridad en los resultados

Podemos aumentar la lista, corregirla, etcétera, pero más importante es conocer las raíces y los pasos para constituirnos en servidores cada vez más eficaces y, luego, evidenciar estas características de manera natural.

Hemos preparado las siguientes páginas desde la perspectiva que asume el principio: nadie puede dar lo que no tiene y, de la necesidad de vivir antes que decir; por lo tanto, a través de ellas presentamos *temas que tienen que ver con cambios que parten de uno mismo;* Hablamos de *nuestras luchas interiores para tocar vidas.*

Lo primero es trabajar duro por encarnar y ser el cambio que deseamos, por estar convencidos de la utilidad de lo que vamos a compartir. Hemos querido detenernos un poco en el tema de los paradigmas porque siempre vemos lo que creemos o encontramos lo que buscamos. Nuestra realidad está definida por nuestras creencias, luego vendrán algunos insumos útiles cuando trabajamos con las demás personas. Tómenlo solo como el inicio de un proceso de aprendizaje. A partir de las preguntas que se hagan respecto de los temas que se vayan tocando, podrán profundizar en otros espacios. En la tercera parte del libro, compartimos algunas herramientas que nos puedan ayudar a servir mejor.

Generando riqueza interior para servir y mejorar nuestra eficacia en el liderazgo

Imposible servir eficazmente si no tenemos riqueza interior; seremos sujetos serviles y no servidores, dependientes de la aprobación o desaprobación de nuestro superior, personas temerosas del castigo, personas que apenas tengan la recompensa pensarán en «servir al mejor postor». Se puede servir sin riqueza interior de una manera «políticamente correcta», pero los resultados serán estériles o mínimos en el proceso de ayudar a crecer a los demás.

Sin riqueza interior, careceremos de la seguridad necesaria para ir contracorriente cuando los principios lo demanden; nos quejaremos y lamentaremos eternamente en espera de la compasión de terceros. Seremos seguidores pasivos en lugar de generadores de riqueza.

La riqueza interior es vital para generar la riqueza exterior en las personas a la que servimos.

Cobrar conmiseración o piedad a cambio de actos de servicio resulta caro para ambas partes: el que es servido jugará el papel de un dios y el que sirve asumirá el papel de superestrella dispuesta a manipular las circunstancias para sacar el mayor provecho posible; de esta manera ambas partes pierden vida.

Podríamos seguir describiendo al típico adulador que se encuentra en diversos estratos de nuestra sociedad, pero solamente queremos llamar la atención sobre la autoconmiseración o degradación como actitudes opuestas de las cualidades del servidor eficaz.

Recuerde que cuando hablamos de riqueza nos referimos a la fuente interior que luego generará los diversos tipos de riqueza que vemos en el exterior: riqueza emocional, espiritual, material, etcétera.

¿Qué podemos hacer para generar riqueza interior? Como aprendices, podemos mencionar algunos elementos que nos han ayudado mucho:

1. Tener el paradigma correcto
2. Sentirse y saberse amado
3. Aprender el valor de la humildad
4. Compromiso con la visión personal
5. Tener la libertad del servicio
6. Entender el servicio como una expresión de grandeza
7. Disfrutar lo que se hace
8. Llenar la soledad de cosas que enriquecen

1. TENER EL PARADIGMA CORRECTO

No basta querer, hay que saber el camino
Mahatma Gandhi

CONSTRUYENDO Y ALIMENTANDO EL PARADIGMA CORRECTO

Una de las definiciones del diccionario nos dice que *paradigma* es un «ejemplo que sirve de norma». Roberto A. Orr lo define como «un patrón o mapa para el entendimiento y explicación de ciertos aspectos de la realidad»; el mismo autor, citando a J. A. Barrer, menciona que un paradigma hace dos cosas:

1. Establece y define límites
2. Muestra cómo comportarse dentro de los límites para tener éxito

Hay mucha información y referencias bibliográficas sobre los temas de paradigmas, arquetipos mentales y mapas mentales. No queremos profundizar en ellos pues corremos el riesgo de desviarnos del tema central que queremos comunicar; sin embargo, queremos dejar en claro la importancia de este tema para quienes están convencidos de que sin victorias interiores no puede haber victorias naturales por fuera. Siendo el paradigma una raíz interior, debe ser examinada por quienes desean trabajar en las causas para ver los frutos.

Empezaremos recordando lo que dice *El Talmud*: «no vemos las cosas como son, sino como somos nosotros», es decir, muy dentro de nosotros tenemos paradigmas mentales, una suerte de mapas que nos dibujan la realidad de acuerdo a ciertos parámetros, despiertan nuestros sentidos y condicionan nuestras respuestas y actitudes.

Por ejemplo, si una persona se comunica por teléfono con nosotros y nos dice que vive en una gran residencia con más de cien habitaciones, por lo general:

Nuestra mente crearía la imagen de una persona con muchos recursos, tal vez con cierta educación y muchas relaciones.

Nuestros sentimientos hacia esta persona estarían determinados por la imagen que se haya creado en esos segundos. Nuestras actitudes en la conversación estarían determinadas por la imagen mental y los sentimientos que surjan a partir de los patrones ya condicionados, quizás sintamos simpatía o deseos de conocerle.

De las *actitudes* a las *acciones* solo hay un paso natural, es cuestión de tiempo que se expresen verbal o corporalmente. Esto es tan lógico como que subiendo del primer piso se encuentra el segundo.

Sigamos con el ejemplo anterior. De pronto, alguien nos muestra la foto de la persona y nosotros la vemos vestida de presidiario en un patio y como fondo las cien «habitaciones». ¿Cambió tu imagen de la misma persona? ¿Cambiaron tus sentimientos hacia ella? ¿Cambió tu actitud?

Muchas veces pensamos que es suficiente responder externamente de manera adecuada, pero sin cambios internos solo alimentaremos una doble personalidad que tarde o temprano «nos pasaran la factura» por su empleo. Al final, lo queramos o no, haremos lo que creemos; esto no es un truco de sugestión, sino la consecuencia natural de lo que anunciamos que haríamos en nuestro interior.

Es sorprendente la cantidad de personas que dicen creer en algo, pero con sus hechos demuestran que no creen en ello, y en lugar de trabajar con lo que realmente creen, es decir, sus paradigmas buscan; solucionar superficialmente la consecuencia de su manera de pensar.

La imagen que generemos influirá en nuestros sentimientos, nuestros sentimientos influirán en nuestras actitudes, y nuestras actitudes se mostrarán en mis acciones.

Si tenemos una multitud de personas frente a un edificio público, ¿qué es lo que ve, siente y desea frente a ese grupo un maestro?, ¿un político?, ¿un vendedor? ¿Cambiaron las circunstancias? ¿Cambiaron las personas?

Imaginemos ahora que el maestro, el político o el vendedor están tristes, deprimidos o eufóricos, ¿qué es lo que verían, sentirían o desearían respecto al grupo?

El paradigma afecta nuestras percepciones, nuestras emociones y nuestras actitudes.

Es verdad que estamos condicionados por nuestra cultura, nuestro pasado, nuestras necesidades inmediatas e incluso nuestros estados emocionales. Pero si ha llegado hasta aquí, es evidente que continúa interesado en servir mejor en lugar de ser servido, ha descubierto la importancia de asumir la responsabilidad de escoger su respuesta ante las circunstancias y trabajar en lo que realmente cree, usted decide cómo responder. Parafraseando a Víktor Frankl: «Nadie nos puede quitar la libertad de decidir cómo vamos a responder».

Un servidor eficaz está cansado de culpar a su pasado, a sus genes, a sus abuelos o a su mamá. Ha decido hacer un viaje sincero al interior para modificar la imagen que tiene de sí mismo y de los demás, para que cambiando su manera de pensar, cambie su manera de vivir. Por eso asume la iniciativa y toma las riendas de la construcción de su futuro, nadie vive por él, nadie le hace enojar, sabe que si se enoja es porque así lo decidió o lo permitió.

Bajo esta perspectiva debe escoger perdonar y caminar por el peregrinaje de la sanidad interior, para no replicar taras generacionales que están disfrazadas de quejas.

Queremos hacer un paréntesis en su lectura. Si desea profundizar sobre los temas expuestos en los párrafos anteriores, en el apéndice puede encontrar bibliografía que con obras que motivan a las personas a pasar de ser registradores de temperaturas que solo reaccionan frente a las circunstancias a personas generadoras de cambios primero personales y luego de su medio. Nos referiremos brevemente a este tema cuando hablemos del perdón. Flaubert se hacía la pregunta retórica: «¿Qué nos impide vivir el presente? ¿Las cadenas del pasado o las torturas del futuro?».

Para cerrar el paréntesis, seguimos asumiendo que nuestros lectores han tomado el camino de la autorresponsabilidad de su futuro y la liberación de su pasado por medio del perdón, y retomamos el hilo del libro enfatizando en la actitud nacida de paradigmas.

La actitud proviene de un sentimiento y este se origina de un pensamiento, y todo pensamiento proviene de *cómo hemos sido condicionados a pensar*. Todos actuamos y sentimos de acuerdo a cómo hemos sido condicionados para pensar, y la verdad es que *si cambiamos nuestra manera de pensar, cambiará nuestra manera de vivir*.

El paradigma es una verdad interiorizada profundamente en nuestro corazón y mente, que *tiene que ver directamente con nuestra manera de pensar. Y nosotros podemos escribirlo en lo más profundo de nuestro corazón.*

Queremos resaltar dos implicancias sobre lo que acabamos de mencionar:

Podemos teorizar o, como diría E. Cole, «racionalizar nuestro fracaso», defender nuestro punto de vista de manera genial y lógica, pero si vemos como evidencias solo fracasos personales, por muy maquillados que estén, nuestras esposas o esposos nos dejarán, nuestros hijos sufrirán y nuestros círculos autodestructivos continuarán. Claro que también tendremos respuestas y explicaciones lúcidas, pero estas no cambian los hechos. David Hume decía que la razón es esclava de la pasión al explicar por qué muchas veces siempre encontramos razones para justificar lo que nos apasiona así termine destruyéndonos. Si hemos creído en una verdad equivocada, podemos estar construyendo muchas explicaciones falsas.

Hay una frase de Víctor Hugo que queremos compartir con usted: «No hay nada más poderoso que una idea a la que le ha llegado su tiempo» y es que no hay nada más consecuente que una semilla. Al final, siempre la verdad llegará a saberse y la semilla revelará el árbol que lleva adentro.

¿Recuerda algún área en su vida personal, trabajo o estudios donde se haya equivocado al inicio, ya sea por ignorancia o porque no quiso reconocerlo? Luego, el error se fue multiplicando en el tiempo, hasta que no fue posible seguir ocultándolo. Podríamos llenar cientos de hojas sobre historias parecidas que tienen este guion, todos hemos acumulado muchas de ellas en nuestras vidas.

Imagine, ahora, cómo se irían multiplicando los errores en nuestras vidas si el paradigma que vivimos es el equivocado. ¿Es algo que asusta, no? ¿No cree que vale la pena hacer un alto para meditar sobre esto? Ni las prisas ni las multitudes deben impedirle hacer un punto de inflexión, corre el riesgo de servir con una motivación vana que le llevará a un punto de quiebre o, lo que es peor, a invertir su vida en una causa equivocada. Y aquí la segunda implicancia: Si tenemos un paradigma equivocado podemos invertir nuestra vida en algo espectacular o impresionante, pero que con el paso de los años descubrimos que no vale la pena.

¿EL PARADIGMA CORRECTO?

¿Cuál es el paradigma correcto? No jugaremos a ser Dios, pero tenemos un consejo útil: «mira los frutos». Alguien dijo que desde que se inventaron las excusas, el hombre es perfecto. Nos engañamos con disertaciones, explicaciones lúcidas o defensas apasionadas; Son los frutos mirados de manera decantada a la luz del tiempo, detrás de las luces del escenario y más allá de los resultados a corto plazo, los que nos van decir quiénes somos realmente. Mire los frutos que ha logrado en las personas que ama. Una mirada honesta nos libra de malgastar nuestra vida, así signifique un esfuerzo continuo por ser mejor. Será un esfuerzo que impulsará la pasión por lo que podemos lograr y no la culpa por lo que no hemos sido.

Como aprendices, compartimos con usted las características de un paradigma que nos satisface particularmente.

Nuestra apuesta:

Todo servidor que quiere ser eficaz e influenciar sobre las personas debe tener un paradigma **trascendente, claro, congruente y basado en principios**. Veamos por qué.

...Trascendencia

Dos cualidades que son necesarias para que un paradigma sea trascendente:

Trascendencia implica que no debería estar centrado en uno mismo. Parafraseando a Dwight E. Stevenson diremos que: «Los cristianos no son personas extraordinarias, solo son personas que saben que no son Dios». ¿Quiere multiplicar sus errores? Fabríquese dioses a su imagen y semejanza, coloque la autocomplacencia como centro y verá cómo el egoísmo lo lleva por una espiral de esterilidad y estupidez mental, donde la visión más lejana que pueda tener no pasará de su propio ombligo o no será más lejana que su propia tumba.

Cuando nuestro paradigma no es trascendente y solo busca gratificaciones en el corto plazo, las comodidades que consigamos nos llevarán a la mediocridad y a maneras sofisticadas de autodestrucción. Nunca habrá suficiente contentamiento. El temor a perder lo que tenemos será otra manera de estar sujetos a esclavitud o servidumbre.

Somos conscientes de ello porque lo hemos vivido, pues más de una vez nos hemos asomado al abismo. Sabemos también que usted lo sabe. Vivir para uno mismo está bien para los que no conocen otra realidad que el espejo, pero para un servidor que apuesta por causas trascendentes eso ya es historia, pues sabe que la vida es más que el alimento y el cuerpo más que el vestido.

Trascendencia implica eternidad. El hombre busca la trascendencia y no puede apuntar a menos, debe responder a la necesidad última de la persona, más allá del sustento físico; la necesidad de pertenecer, o incluso de la realización personal, debe ser algo superior a uno mismo, mirado en toda su dimensión.

El ser humano debe aspirar a la trascendencia; la experiencia nos ha convencido de que esto puede satisfacer las necesidades anteriores. Son servidores eficaces quienes perciben una eternidad de la cual emanan diversas ideologías, no es suficiente tener solamente una ideología social como base de un paradigma, necesitamos una a la altura de nuestra eternidad.

... Claridad

Un paradigma debe ser claro, las imágenes nubladas nos llevan a la frustración. Ken Blanchard tiene una frase genial: «tratar es una manera esforzada de no hacer nada», y mucho de nuestro esfuerzo vacío obedece a actuar como Quijotes que desean hacer el bien, pero no saben cómo. Una persona que ama una verdad y le es fiel hasta la muerte, logra más que los que generan cambios cosméticos en su vida, así lideren una moda.

Definirnos como persona es tan imposible como querer definir al Dios que no ha sido creado por el hombre. Esta pretensión solo es graciosa y resulta un ejercicio de sobremesa. Pero sí es muy factible definir nuestro propósito o nuestro sentido, el canal por el cual vamos a invertir lo que somos y lo que tenemos en un peregrinaje de realización personal.

Por ello el paradigma es importante, es la piedra angular de nuestra misión en la vida y de nuestra visión de la vida. Debemos aprender a hacernos las preguntas correctas.

Una manera de encontrar claridad es respondiendo dos preguntas: ¿Qué es lo que realmente me importa? y ¿qué es lo que realmente me gustaría que me importe?

Otras preguntas que ayudan: ¿Qué es lo que cree que es valioso para su servicio? ¿Qué motivo le parece valedero para servir? ¿Se lo puedes repetir durante el día? ¿Puede mirar tu vida cotidiana a través de él? ¿Encuentra oportunidades y obstáculos para ser fiel a esta verdad? Lucha con estas preguntas, es decir, se auténtico en sus respuestas. H. Nouwen decía: «Si no luchas con tu pregunta no mereces la respuesta».

...Congruencia

¿Considera una o varias cosas importantes o vitales en su vida? Si hemos asumido varias cosas como importantes para nuestra vida, estas deben ser congruentes y complementarias entre sí.

Todos tenemos paradigmas porque tenemos raíces de las cuales derivan nuestras maneras de pensar, sentir y actuar; no existen casualidades en nuestras acciones. Las personas que dicen que son eminentemente prácticas y que no responden a ideologías, paradójicamente, son las que han internalizado tanto su ideología que ya no son capaces de interpretarla.

Si nosotros no asumimos la responsabilidad de crear o recrear nuestros paradigmas, simplemente actuamos según lo que otros nos impusieron.

Como mencionamos, nuestra naturaleza se inclina por las soluciones de corto plazo, aquellas que nos dan placer lo antes posible, que significan el menor esfuerzo y están centradas en uno mismo.

Muchas veces relativizamos lo que hacemos al no pensar en las consecuencias de nuestras acciones en la vida de otros. También amortiguamos las consecuencias con promesas que nos hacemos para evitar consecuencias más graves. Sencillamente maquillamos los frutos de lo que sembramos para poder convivir con ellos.

Por esta razón, es fácil tener paradigmas autocomplacientes que nos hagan pequeños dioses de nosotros mismos (dioses de barro, pero dioses al fin). Estos paradigmas son tremendos tiranos, nunca se sacian, siempre empiezan con «tener» y no con «ser» y si empiezan con «ser» siempre tienen como fin último nuestros egos.

Los paradigmas enriquecedores son poderosos, eternos y trascendentes, pero nosotros tenemos que darles cabida en nuestra mente y corazón, enamorarnos de ellos, serles fieles y cultivarlos cada día. Podemos gritarlos sin sentir vergüenza.

Además de la tragedia de vivir solo para nosotros mismos, existe otra tragedia más común: vivir con dos paradigmas distintos. Esto significa tener el corazón partido y empezar nuestras batallas personales arrastrando la desventaja de una suerte de esquizofrenia o doble personalidad; nuestras luchas y disfrutes interiores no buscan incorporar un paradigma en la vida diaria, sino vencer esa suerte de doble ánimo. *Si no purificamos nuestro corazón, nunca nos libraremos de esa batalla de doble vía.* Eso es lo que pasa cuando no hay congruencia en nuestros paradigmas, cuando no alineamos el corto plazo con el largo plazo, cuando no decidimos ahora y esperamos o soñamos resultados después.

Pureza de corazón puede significar limpieza de vida y de conciencia, pero para este caso solo nos referimos a una terquedad enorme por luchar apasionadamente, por ser el mismo por dentro y por fuera, seguir un camino evidente sin dos direcciones, con la humildad del que reconoce sus propias limitaciones o contradicciones.

También necesitamos renunciar al concepto de equilibrio como la convivencia entre el bien y el mal, debemos perseguir un bien aunque aceptemos nuestras contradicciones y derrotas, pero nunca justificarlo para «pasar el momento». No se trata de vivir con el amor y el odio, se trata de reconocer que debemos ir tras el amor y que el odio no es opuesto al amor para «equilibrar» al amor, sino, como lo diría genialmente Elisabeth Lukas, el odio es amor fracasado.

Podemos ser esclavos de un paradigma incorrecto o decidir ser fieles con un paradigma enriquecedor.

Esto no significa que no existen luchas personales en el corazón de los servidores, ¡claro que las hay! En cierto sentido también estamos luchando contracorriente y estamos siguiendo una contracultura, pero aquí nos referimos a que empezar esta lucha con un corazón partido es como querer amar a tu pareja teniendo en tu corazón el recuerdo de otra persona, o como desear sanar a otros cuando tienes heridas profundas que te ligan al pasado.

Usted puede ser un sanador herido que entiende el dolor de las personas que sirve y busca ayudar a sanar, pero nunca podrá ayudar a sanar a otros si se estanca en su enfermedad.

... Principios

Cuando construimos un paradigma existe el riesgo de dejarse llevar por explicaciones que nos hagan la búsqueda más suave, o que minimicen el dolor al descubrir nuestros paradigmas equivocados. Siempre hay explicaciones fascinantes para nuestros errores.

Si continúa afirmando frases como: «Yo siempre busco el bien», «no le hago mal a nadie», «en mi vida solo hay cabida para pensamientos positivos», mejor no siga en su lectura porque no obtendrá más provecho que usar este libro como fuente de citas para otros.

R. W. Emerson decía: «Odio las citas, dime lo que sabes». Este libro no es una compilación de frases para repetir en la conversación. Pensamos en servidores eficaces que tienen tanto miedo a la autocomplacencia como a usar el poder para manipular a otros.

Sobre principios

Un principio es una verdad autoevidente que se afirma en la vida de las personas independientemente de lo que pensemos u opinemos de ellas.

Si sembraste pepinos, independientemente de lo que opines, así cambies con pintura el color del fruto, así pienses positivamente sobre otra cosecha, así declares a los cuatro vientos que van a salir tomates, de todas maneras vas a cosechar pepinos.

Lo que se siembra se cosecha, ese es un principio que habla de la causa y efecto. Cecil B. De Mille menciona: «Nos es imposible quebrantar la ley. Solo podemos quebrantarnos a nosotros mismos al ir en contra de la ley».

¿CÓMO ESCOGER LOS PRINCIPIOS?

Repetimos la opinión que hemos planteado antes: «mira los frutos». Luego de pasados los fuegos artificiales o el espectáculo con el que nos venden su proceder las personas que solo quieren justificar sus hechos, miremos los frutos a la luz del largo plazo. Miremos los frutos en las personas que serán afectadas al poner en práctica este principio. ¿Será liberador? ¿Qué tipo de huellas dejarán? C. S. Lewis decía: «quien busca la verdad encontrará el confort, quien busca el confort al final no encontrará ni el confort ni la verdad».

Comentarios adicionales a los paradigmas

¿Un paradigma? ¿Varios paradigmas?

En realidad todos tenemos una manera de ver el mundo a partir de la cual formamos nuestras escalas de valores, pero tenemos varias «verdades» importantes.

Un paradigma no es necesariamente una visión, pero toda visión personal sale del paradigma, porque lo que deseamos ser y hacer (que es nuestra visión personal) es fruto de lo que consideramos más importante. Jonathan Edwards, quien fuera presidente de la Universidad de Princeton, mencionó que «el ejercicio de la voluntad no es otra cosa que los sentimientos del alma»; el paradigma viene a ser una suerte de descripción de esos sentimientos. Es difícil describirlos, es como querer bailar una poesía, pero es importante indagar sobre los sentimientos de nuestro corazón, porque como dice el texto bíblico, del corazón mana la vida[5].

Un consejo para identificar sus paradigmas:

Haga una lista de cosas en las que cree y otra de los hábitos que tiene. Luego mire si hay relación directa entre lo que cree y los hábitos que tiene.

Así descubrirá si hay relación entre lo que ve en la superficie y las verdades que están arraigadas en su ser que luego aflorarán en forma de acciones que realiza casi sin darse cuenta. Los hábitos son la evidencia de lo que creemos, por lo tanto, donde vea una relación directa entre lo que cree y sus hábitos, puede respirar tranquilo: está por buen camino, salvo que confiese creencias autodestructivas. Pero si ve un divorcio entre sus hábitos y sus creencias o confesiones sobre la vida, tendrá que reconocer que su realidad se refleja en lo que hace y no en lo que dice. Así trabaje buscando vender una imagen, la verdad saldrá a la luz. Así que por sus hábitos sabrá qué es lo que realmente cree, allí se encuentra el inicio de sus paradigmas.

---

[5] Ver: Proverbios 4:23

¿Es posible cambiar de hábitos? ¡Claro que si! Solo es necesaria una dosis de honestidad, perseverancia y pasión, en la que nuestras creencias, nuestra confesión y acción sean parte de un todo.

Al final del libro compartimos nuestra experiencia personal. Recuerde que tratar de cambiar de hábitos sin cambiar de paradigmas es como cortar el pasto del jardín pensando que nunca volverá a crecer.

Es necesario reafirmar nuestro respeto a otras formas de mirar el mundo. Este es un terreno particularmente difícil, ya que se tratan temas que son de suprema importancia, seamos o no conscientes de ello.

Un comentario final sobre los paradigmas: no se trata de tener una «visión de túnel», quien tiene un paradigma claro necesita escuchar empáticamente. Un buen paradigma se cultiva voluntariamente, no es una atadura que nos hace actuar compulsivamente, por lo tanto se puede escoger con libertad ponerse en los zapatos del otro, porque se tiene el convencimiento de una verdad que es real para sí mismo y no se teme a perderse en ideas ajenas.

Algunos beneficios de interiorizar el paradigma correcto (puede ayudar como lista de chequeo):

- No va a preocuparse por llevar una doble vida ni gastará energías en ella.
- Va a distinguir entre el líder cínico y el que sirve de corazón.
- Tendrá paz hoy y en la eternidad.
- Podrá «surfear» el cambio sabiendo que su tabla es válida aquí y en todas las playas del mundo.
- Su cosecha será abundante y los frutos duraderos.

 **para asimilar mejor los conceptos:**

1. ¿Ha observado en su vida o en la de otros "cambios cosméticos" y falsos "inicios" que en lugar de llevarnos a reconocer lo que no queremos cambiar nos hace repetir los inicios? ¿Alguna idea de porque sucede esto?

2. ¿Puedes mencionar una verdad que tu crees con todo tu corazón y por la que quisieras entregar tu vida?

3. ¿Qué significa un Paradigma para ti?

2. SABERSE Y SENTIRSE AMADO

A nadie te pareces desde que yo te amo.
Pablo Neruda

La diferencia entre el hijo y el sirviente

Cuál es la diferencia entre la persona que sirve motivada por la gratitud mostrando generosidad en sus acciones y disfrutando el avance del resto, y la persona que sirve buscando sobre todo la seguridad de ser aprobado por la gente a la que quiere agradar. Creemos que es la falta de la certeza de saberse amado.

Queremos mostrar la diferencia entre una persona que se siente esclavo o el «empleado de la casa» y una persona que se sabe hijo, heredero o dueño de casa. No preste atención al rol que juega, fácilmente uno puede ser el heredero de todo, pero sentirse un empleado más, como muchas personas cuando casadas se sienten celosas de las «otras» que reciben mayor atención o que se sienten desplazadas sin haber cambiado en nada su posición., Solo pensemos en que una persona puede sentirse el empleado o esclavo de una casa siendo el heredero de todo cuando hay, y esta reflexión ayudará a ver por qué el saberse y sentirse amado es tan importante para poder servir libre y generosamente.

¿Cómo evitar ser hijos que viven lejos de sus padres o que no pueden disfrutar lo que ya tienen? ¿Cómo evitar servir a fines equivocados? Conforme vamos buscando la consistencia de nuestro servicio con el fin superior y ser consecuentes con el paradigma que nos anima, iremos descubriendo el estrecho vínculo entre entender quiénes somos ante nuestro Creador o la razón del paradigma que seguimos y el propósito por el cual servimos: Hijos amados y siervos eficaces. Personas consecuentes porque encuentran un vínculo superior en la lealtad a sí mismos y a la causa que les convoca.

Siguiendo con la comparación entre el hijo y el sirviente, nuestra condición de hijos nunca cambiará, pero nuestra relación sí, dependerá de nuestro nivel de comunicación y de nuestra decisión de honrar. No tenemos que luchar por ser hijos, tenemos que descubrir el significado y creerlo. Se trata de otro tipo de convicción, no la nacida del trabajo o el sentido del deber, sino la de reconocer el valor y trascendencia de lo que somos y de lo que podemos hacer.

En los inicios, un hijo aprende a depender y obedecer, para lo cual deberá ir discerniendo cuando le está hablando su verdadero padre. La obediencia más que nacer del esfuerzo humano, nace de la convicción de que la persona que nos pide algo tiene la autoridad para hacerlo y que nos hará bien.

Al contrario, el hijo que se siente sirviente porque no tiene el amor o aceptación en la casa del padre, se siente desgraciado y siente que debe subsistir en medio de una trágica lucha contra el mundo para poder salvar su alma o tener la aprobación del dios de turno. Eso sucede con las personas que no descubren su valor intrínseco como parte de un plan maravilloso y trascendente en este mundo y que se vuelven solo siervos concentrados en la tarea sin saber disfrutar de lo que están construyendo porque solo desean recibir su ración de aceptación. Esas personas que son víctimas de su necesidad de reconocimiento terminan sirviendo a los hombres sin un sentido de propósito superior, ellos también pueden ser víctimas de su sentido de superioridad para desarrollar planes centrados en ellos mismos o, peor aún, pueden ser víctimas de su orgullo para buscar el logro de sus metas en nombre de causas sublimes. C. S. Lewis, decía que de todos los hombres malos, los más malos son los malos religiosos, nosotros le creemos.

Una persona que se siente amada puede servir de corazón, así como un hijo lo haría por sentir que se trata del destino que está construyendo con su familia, y una persona que puede servir de corazón está equipada para liderar, pero poner el «liderazgo» antes que el servicio de corazón, solo trae frustración, manipulación e hipocresía.

El hijo sabe lo que su padre le pide. Lo escucha, entiende su pensar y su deseo. Por eso el hijo cuida la relación y busca la intimidad. Aun si le tocara obedecer sin saber el propósito final, podrá descansar en la bondad de su padre para saber que lo que haga será de bendición para muchos, incluyéndole. El deseo de servir es natural en un corazón agradecido, es fácil servir de corazón cuando se sabe que todo lo que se entrega está bien cuidado y es parte de un fin trascendente, por eso es muy importante que sepa escoger la razón por la que usted sirve.

Un siervo que no se siente hijo corre el riesgo de sentirse una pieza intercambiable en un engranaje donde su identidad no importa. Antes de hacer un compromiso con el deber de servir, debemos conectarnos internamente con el paradigma al que deseamos ser fieles para servirle con alegría.

Esperamos que este caso mostrado ayude, sabemos que muchos tenemos dificultades de entender esta situación porque en esta sociedad fallamos al expresar el amor en nuestras familias seamos hijo o padres. Sin embargo, sabemos que nuestro diseño interior nos puede hablar con claridad sobre la verdad de la importancia de amar y ser amado y que las familias deben ser los primeros referentes, como dice un proverbio; «La infancia es la patria de cada hombre, a ella deberíamos volver cuando queramos fuerzas para salir adelante».

Descubramos el valor de ser hijos para servir con el tanque de afecto lleno

Empecemos reconociendo que necesitamos ser amados para que cuando lideremos. Nuestras carencias no nos traicionen.

El amor es una voluntad manifiesta hacia el bien del otro, y debemos reconocer que todos necesitamos ser amados.

Todos necesitamos ser reconocidos, fuimos creados para ser parte de un grupo humano, nuestros más valiosos descubrimientos deben ser compartidos para que tengan sentido, podemos compartirlos verbalmente o de otras maneras, pero fuimos creados para ser parte de una comunidad.

Si no tenemos la seguridad de ser amados, nuestro servicio podría entonces explicarse como un medio de conseguir afecto. No nos atrevemos a descalificar la motivación de ser amados para servir, pero queremos enfatizar en que si tenemos carencias afectivas, vamos a ser tentados a servir solo para agradar al otro y no para hacerlo crecer.

Quien sirve únicamente para agradar, termina generando dependencia o esperando ser reconocido para dar el siguiente paso. Muchas veces esta dependencia nos impide confrontar, cuando es necesario, lo que acaba minando nuestra capacidad para influir en las vidas.

Un adulador podrá influir en personas dependientes de aprobación, pero un servidor eficaz necesita trabajar sabiamente con la verdad y compasión para facilitar cambios en las personas.

Aquí un comentario adicional: ¡Cuán importante es dar amor incondicional a las personas que deseamos influenciar para que se conviertan en servidores eficaces! La seguridad afectiva es la base para entrar en terreno desconocido y para servir buscando bendecir al otro sin esperar reconocimientos y no hay seguridad afectiva sin sentirse aceptados.

Es común que los servidores eficaces sirvan motivados por saberse parte de «algo» que satisface todas sus necesidades afectivas; están tan agradecidos por lo que tienen o por lo que son, que la mejor manera de poder catalizar ese sentido de gratitud es servir. Es ciertamente un momento memorable ser testigo del descubrimiento por parte de la persona a la que servimos de ese amor primigenio que encendió nuestro fuego interior, y también lo es ver cómo ese fuego comienza a incendiar su corazón y lo lleva a un propósito trascendente.

Pero si nos preguntan cómo llenarnos de amor, la respuesta honesta es que no existe otra fuente más grande que Dios dispuesto a darnos lo mejor que tiene; esa es la fuente de donde proviene nuestra sensación de ser amados y que nos permite amar a otros. Podemos haber encontrado otra fuente de amor, pero, para nosotros, el amor que viene de Dios es el que genera la riqueza interior.

Recordemos que el amor nace de la decisión de amar; no nace de un sentimiento, nace de una convicción: escojamos amar y cosecharemos ese tipo de amor que sembramos, un amor que puede darnos la seguridad necesaria para lanzarnos a generar riqueza en otros.

El sentirnos amados es la fuente del amor propio, autoestima y seguridad en uno mismo. Si deseamos profundizar sobre este tema, en la bibliografía podrá encontrar el nombre de autores que nos pueden ayudar en caso de que se le dificulte amar.

Aprender a dejarse amar. Otro factor que nos ayudará a crecer en amor es el dejarnos amar. No nos referimos a dejarse manipular, adular o complacer, hablamos de estar dispuestos a recibir amor de personas que han elegido amarnos; aprendamos a recibir, valoremos lo que tenemos, aquilatémoslo, luego compartámoslo en grandes dosis porque lo necesitaremos para no ahogar lo que depositaron en nosotros; es una eterna paradoja: solo tenemos lo que damos.

Lo repetimos otra vez si no somos capaces de amar a quien servimos, nunca podremos ser servidores eficaces, siempre estaremos buscando una compensación que nos conduzca tarde o temprano a ser mercenarios. La tarea que nos fijemos no podrá dar fruto, nuestra influencia será menor y nuestro trabajo será vacío cuando lo comparemos con los frutos nacidos de otras motivaciones superiores.

Una nota adicional, el amor no es autodestructivo, en cambio la lujuria y la autoconmiseración sí lo son. La persona que exhibe su desgracia no está amando, lo hace para buscar que la amen y solo obtendrá compasión y conmiseración

Las personas que estamos en el servicio somos poco inclinadas a esperar reconocimiento, y detrás de esto puede haber un sentimiento de que lo que hicimos «no era gran cosa», así haya significado un esfuerzo de horas o días para el logro de la tarea. Si esto es porque nos sentimos parte de un propósito trascendente y nos alegra contribuir con un grano de arena —no como expresión de modestia, sino como resultado de comprender que nuestro aporte es valioso, pero solo es parte de un plan mayor del que me siento honrado de ser parte—, entonces mantengamos la perspectiva que nos ayudará a no vernos como el centro de la Tierra.

Pero si detrás de esto se encuentra una humildad pervertida que refleja un concepto que está por debajo de lo que somos, no esperemos dar más de lo que podemos ofrecer.

El amor puede ser la puerta de entrada para relaciones que te permiten resultados de largo plazo.

Quizás uno de los mayores obstáculos para lograr resultados que valgan la pena, tanto en la vida de las personas como en las organizaciones, es querer obtener resultados en el corto plazo por encima de los demás. No podemos llamar "victoria rápida" a un logro que nos condena a repetir un circulo vicioso donde lo urgente se entroniza sobre lo importante.

Por qué razón, ¿si el sentido común nos dice que no se puede tapar el sol con un dedo o curar un cáncer con un mejor maquillaje, nosotros insistimos en actuar como si una cortina imaginaria solo dejara ver lo que deseamos que se vea y no exprese lo que somos?, ¿queremos jugar a las escondidas cerrando los ojos? la respuesta a esta pregunta puede venir de la misma explicación del porqué queremos lograr los resultados a toda costa por encima de las personas; creemos que los resultados son la fuente de nuestra aceptación como personas. Trataré de explicarme en los párrafos que vienen.

Aquí un ejemplo, inspirado en un libro que leí sobre el "Sagrado Balance[6]"

Todo ser humano necesita aceptación, sentirse parte de algo, esto está en nuestra naturaleza de ser humano, ahora bien, la lógica nos dice que si mostramos buenos resultados desarrollando las labores que tenemos, entonces mostraremos experticia y competencia y esto nos llevara a poder vivir de lo que hacemos, no solo eso, sino que, esa lógica también nos dice que encontraremos el significado de nuestra vida a partir de los que hacemos y con ello tendremos aceptación.

Un ejemplo sencillo para no desviarme, si yo tengo buenos resultados vendiendo algo, mi sustento viene de vender, y al ver que eso me da mi sustento diario, empiezo a construir mi identidad a partir de lo que hago ya que, el sustento obtenido de lo que puedo hacer, parece un buen fundamento, por lo menos yo me siento en el control de lo que me da mi sustento. Luego, quiero ir un poco mas alla del sustento y empiezo a valorizarme y compararme en ese campo con otros, en este caso otros vendedores y para eso voy construyendo un significado, por ejemplo la vida tiene que ver con ser ganador, y gana mas quien vende mas, es un ejemplo sencillo solo para precisar que tu area de hacer te termina indicando tu definición de ser.

Si tengo buenos resultados y puedo compararme con otros en el mundo de valores que me he creado o que comparto con otros, entonces será fácil continuar hasta la meta de ser reconocido, respetado y aceptado por lo que hago. Solo he tenido que seguir el camino: Resultados, significado, logros, sustento, reconocimiento y aceptación.

Pero, ¿será posible ir al revés?, yo creo que es posible y es necesario para cualquier persona que desea servir de manera relevante, usando el poder con pureza. Y aquí es donde el saberse amado puede ser la piedra angular.

---

[6] The Cycle of Grace: Living In Sacred Balance Trevor Hudson (Author), Jerry P Haas (Author), Rita Collett (Editor)

Si yo me siento aceptado y amado, pese a mis propias contradicciones, en un grupo de personas o en el corazón de una sola que valoro mucho, la clave es escoger a la persona adecuada, entonces yo empiezo a renunciar a una vida orientada al logro que solo busca saciar su sed de reconocimiento, ¿porque?, porque *ya soy aceptado y reconocido*, sin necesidad de tener que hacer algo mas, esa es la "magia" del que se siente amado, pese a sus propias contradicciones y defectos, no necesita demostrar nada, solo disfrutar del amor y por ende, tener muchos deseos de ser agradecido. Entonces, si yo me siento aceptado y amado, y no necesito demostrar nada porque no se trata de ser mas aceptado, ya que la aceptación no se da en grados, entonces voy a tener la libertad para crear según mis propias fortalezas.

El usar mis fortalezas me llevará a florecer hacia el ser amado y hacia los demás porque, esta en mi naturaleza expresar lo que soy y lo que puedo ser, dar frutos o resultados es solo la consecuencia de expresar nuestras fortalezas en los demás.

Entonces, mi línea de acción es distinta, soy aceptado, expreso lo que soy, me proyecto a los demás porque no necesito crear mi propia imagen, y sirvo buscando propósitos superiores a mi mismo.

Quien va en esta dirección, no solo consigue mejores resultados, sino que ve con otros ojos las relaciones, dándole el valor que tienen en función del valor intrínseco de las personas en lugar del valor de mercado. ¿Quieres saber que sociedades son mas esclavas del resultado por encima de las relaciones?, mira como valoran y escuchan a quienes "no producen" ; los ancianos, los jubilados, los niños, los discapacitados y todo ser humano que vale mucho pero no consigue mostrar la moneda de intercambio basada en los resultados "productivos".

Una vez mas, perdemos increíbles oportunidades de crecer como personas porque en lugar de aprender del otro, estamos esperando su "productividad" por encima de su persona. Todo porque no aprendimos a sabernos amados y descubrir el valor de las personas.

 **para asimilar mejor los conceptos:**

1. Se dice que cuando quieres que otra persona haga algo para ti debes hablar a su ego o a sus temores; ¿Te imaginas como puede perder poder esta práctica si la persona se siente amada?

2. ¿Cuál es la diferencia en la vida de una persona que va buscar tener buenos resultados para tener la aceptación y una persona que se siente aceptada y produce resultados?

3. ¿Qué evidencias tienes de que amas y eres amado?

3. APRENDER EL VALOR DE LA HUMILDAD

La verdadera humildad nunca será modestia, vergüenza o pobreza. La humildad se expresa por medio de la generosidad.

Aunque en esta parte vamos a desarrollar el concepto que pusimos en el párrafo anterior, debemos decir en honor a la verdad que así como el modelo Líder-seguidores que promueve el eterno distanciamiento y la discriminación soterrada en lugar de apreciar la diversidad y valor intrínseco de las personas, el talón de Aquiles del modelo "añadir valor" es la distorsión de lo que entendemos por humildad. El concepto de la humildad ha sido de tal manera envilecido que lo tomamos como sinónimo de ignorancia, debilidad y servilismo.

Sin embargo, entender y vivir la humildad puede ser la cura contra la soberbia y la estupidez (en parte) que nos han llevado a perdernos en el camino por estar ensimismados en nosotros mismos y/o ser incapaces de aprender de los demás. Hay un proverbio que dice «Cuando el sabio señala la Luna, el idiota mira el dedo», y eso es lo que sucede muchas veces cuando miramos la humildad como si fuera «el dedo» en lugar de entender que se trata de «la Luna» es decir de valores muchos más profundos.

La humildad no es modestia

Muchas veces pensamos que tenemos que describirnos como menos de lo que somos para ser humildes, pero se trata de reconocer lo que somos y lo que son los demás. Si tenemos la convicción de que este libro puede ayudarte a servir mejor y en el título pusiéramos algo así como «un pobre y casi inútil aporte para servir eficazmente», estaríamos siendo modestos:

decimos menos de lo que damos. Pero si afirmamos que este libro es solo una herramienta para quienes quieren servir mejor, estamos diciendo lo que realmente pensamos del libro, eso es humildad.

Humildad es decir lo que uno realmente es, no pensar que uno es más y decir que es menos, sino reconocer realmente qué somos.

Si no nos sentimos amados, nos costará beber de la humildad, porque ser amado es ser importante para alguien en particular, y si esa persona nos valora, podemos ir contra corriente con suficiente combustible, podemos dejar de esperar reconocimiento y, por lo tanto, no necesitamos inflarnos para ser notados.

Una persona humilde puede sentirse agradecida de lo que es y por poder aprender de otros. No hay contradicción entre la grandeza y humildad, al contrario, las personas grandes a las que admiramos tienen una combinación de grandeza interna y humildad. La parodia de la verdadera grandeza es la soberbia o la vanidad, es gracioso ver cómo el vanidoso piensa que actúa de manera especial cuando muchas veces solo evidencia su necedad.

La humildad no es vergüenza

La vergüenza debería ser solo un mecanismo de alerta frente a lo que ofende nuestra dignidad como seres humanos, pero lamentablemente también está íntimamente ligada al temor y a la culpa, basta tener un pasado que te ata para que te sientas incapaz de sobresalir, o peor aún, para que estés preocupado si es que sobresales, porque subyace el temor a ser descubierto, y como no quieres serlo entonces «guardas un perfil bajo», no hay libertad para hacer el ridículo.

Es paradójico que en la adolescencia —una edad en la que el sentido de la justicia y la autenticidad nos impulsan a luchar por causas que valen la pena—, la vergüenza de no ser parte del grupo nos impida defender convicciones personales. Una persona que es adolescente por el resto de su vida, asociará humildad con vergüenza.

Tampoco asociemos los rasgos de timidez o introversión con sentimientos de vergüenza, ni mucho menos la no necesidad de ser el centro de atención. Recuerda que este libro no pretende hacer diagnósticos, sino ayudarnos a mirar hacia adentro para ser mejores servidores. Solo queremos especificar la distancia abismal entre la humildad y la vergüenza: la primera nace del contentamiento por ser aceptados como somos y la tranquilidad de saber que no el mundo no gira alrededor de nosotros; la segunda tiene raíces de condena o culpa por no ser lo que otros esperan que seamos y está anclada en el temor a ser descubiertos.

La humildad no es pobreza

Cuando escuchamos la frase «proviene de una familia de humilde condición», pensamos que se hace referencia a una familia pobre que sufre constante necesidad material. Pero recordemos que asociar humildad con pobreza es como asociar seguridad con escasez. Por eso se piensa muy erróneamente que los humildes son personas que se sienten miserables o, peor aún, se asocia la riqueza con el orgullo. La peor pobreza puede generar vergüenza a ser descubierto cuando se vea que no somos ricos, sea en bienes materiales o en valores morales, pero nada tiene que ver con la humildad.

Conocer a personas con verdadera humildad, nos permite afirmar que aquellos que son grandes interior y exteriormente, son sencillos y las personas sencillas tienden a ser humildes.

Entonces, cuando hablamos de humildad nos referimos a la sencillez, honestidad y dominio propio, requisitos para construir nuestra riqueza interior, para escuchar, reconocer y actuar.

La humildad se expresa por medio de la generosidad

Una de las pruebas para saber si realmente somos humildes de corazón es la generosidad, porque por medio de ella damos lo que somos y lo que tenemos, sabiendo que proviene de fuentes que no son artificiales ni pasajeras, sino que nacen de nuestras propias convicciones, sabiendo que podemos generar riqueza.

A menudo se ha relacionado la generosidad con dar bienes materiales, sin embargo es más que eso, la generosidad está relacionada con la actitud que tenemos hacia nuestras posesiones. Una persona con riqueza interior habrá aprendido que la inversión más rentable es compartir los recursos que tiene, así, en cierto sentido, los tiene dos veces. Una persona humilde con escasos recursos económicos que se siente con libertad para dar parte de su pan ha sido liberada de una atadura que le habría impedido compartir futuras posesiones cuando ocupe una posición más holgada. Es un mito pensar que daremos cuando tengamos más, si no somos capaces de dar lo que tenemos ahora, sea tiempo u otros recursos. Esta actitud se parece a la de un niño que sueña hacer cosas «cuando sea grande», o a la de un adulto que piensa que soñar es suficiente. Una persona humilde con su generosidad puede desafiar y sanar a otra persona atrapada en las garras de la avaricia independientemente de la situación económica que vivan ambas personas.

Cuando uno es humilde y reconoce que ya tiene los recursos para desempeñar con eficacia la parte que le toca para superarse, entiende que esperar soluciones personales de fuentes externas es muy peligroso, ya que podría vivir su vida según el guion de otros. Un servidor eficaz debe estar atento para evitar caer en la trampa de seguir necesidades creadas por otros; si lo hace, se volverá cada vez más dependiente, seguir a la moda es seguir lo que E. Hubell Chapin denominaba «la ciencia de las apariencias».

La generosidad nos permite tomar control sobre algo que tenemos aquí y ahora. La generosidad también se muestra cuando estamos concentrados en el engrandecimiento de otros. Existen dos clases de personas: aquellas que en los primeros cinco o diez minutos se presentan con sus principales conquistas, sus títulos o logros más importantes, y otras a las que vamos conociendo a medida que muestran sus cualidades en el servicio a los demás. Nuestro objetivo es ser de estos últimos. Aunque los vendedores estrella nos parezcan agradables, dudaríamos mucho para entregarles algo que consideramos valioso simplemente por la buena impresión que hayan ejercido sobre nosotros.

Otra razón para afirmar que la generosidad es la expresión natural de la humildad está en que quienes reconocen que solo son administradores de lo que tienen, poseen el dominio propio para canalizar los recursos en función de causas trascendentes o hacia otras vidas.

 **para asimilar mejor los conceptos:**

1. ¿Cuáles crees que han sido los mayores estragos causados a la humanidad o a las relaciones sociales el haber querido asociar la humildad a la pobreza, la vergüenza o la modestia?
2. ¿Cómo explicarías el vínculo entre generosidad y humildad?
3. ¿Te animas a escribir tu definición de humildad?

4. COMPROMISO CON LA VISIÓN PERSONAL

> *Por una buena idea te pagaría 5 centavos, por una buena implementación, te pagaría una fortuna.*
>
> *Peter Druker*

Tanto las pesadillas como los sueños son visiones que se alimentan del temor o la ilusión, el compromiso hace la diferencia, si no hay compromiso con nuestra visión, podemos estar defendiendo falsos inicios, ilusiones, declaraciones teóricas o, lo que es peor, presunciones equivocadas. En su libro *Talk to Walk*, Harvey menciona que juzgamos a las personas por sus acciones y a nosotros mismos por nuestras intenciones. En realidad, tener visión y no tener compromiso es una contradicción que hubiera sido más evidente si la moda de la planificación estratégica con misión y visiones no hubiera pegado tan fuerte. Nos explicamos mejor: una visión no debe colocarse en un cuadro y proclamarla; es la interpretación de una certeza interior, es la convicción que llama al presente un futuro. Cuando no es así, tenemos una visión pero no tenemos planes, como si bastara decir que la puerta está abierta para salir por ella, se necesita caminar porque se obedece a una verdad interior. Una visión que no demanda obediencia es solo una fantasía.

Si tenemos una visión, poseemos una imagen poderosa que nos obliga, más que a anunciarla a los cuatro vientos, a construirla poco a poco. La visualizamos, nos iniciamos en ella, casi palpamos la realidad que hemos creado en nuestra mente y nos esforzamos por armar el rompecabezas pieza por pieza. Si no poseemos una visión clara es mejor no gritarla. Muchas semillas no terminaron dando fruto aun cuando hayan germinado.

Se ha escrito mucho sobre visión y si eres una persona que desea ser mejor servidor, ya debes haber comprendido la importancia de tener una visión. Solamente queremos agregar algo que dice Charles Handy: «La visión nos da tres cosas: continuidad, conexión y dirección». A continuación, compartimos algunos ejemplos de esto.

Continuidad

Nuestra vocación de servicio e interés por usted nos han convertido en escritores aficionados. Al momento de escribir estas notas, trabajamos en una organización cristiana de servicio, con su propia y valiosa agenda de la que participamos sintiéndonos privilegiados por poder hacerlo, pero eso significa que algunas veces cuando empezamos este libro, luego de llegar del trabajo y de hacer dormir a nuestra hija recién nacida, nos tuvimos que sentar frente a la computadora pasada la medianoche para escribir lo que está leyendo ahora. Estas frente a la última versión de este libro, al menos eso creo yo, nuestra hija tiene ahora 10 años y pensamos que ahora más que nunca es importante impulsar un movimiento de siervos líderes que hagan la diferencia para que no terminemos siguiendo patrones equivocados donde el liderazgo es un fin en sí mismo.

¿Esto nos convierte en víctimas de las circunstancias? ¿En héroes anónimos? Ciertamente no. Cuando escribíamos teníamos en mente poder ser parte de algo muy bueno, ayudar a un servidor a ser más eficaz, a dejar una huella más honda.

Eso tendrá en nosotros un efecto más poderoso que el que podría ocasionar la persona que acapara los titulares del periódico de hoy, porque en lugar de ser parte de un espectáculo pasajero, estamos sirviendo a personas que trabajan por propósitos superiores; se trata de servir a un servidor que tiene la posibilidad, y seguramente ya ha tenido la experiencia, de haber llegado a tocar y calar en algunos corazones.

Este libro está pensado en servir a una persona como usted. ¿Nos dejamos entender cuando hablamos de continuidad, independientemente de las cosas del entorno? ¿Se da cuenta de que mientras tenemos la mirada puesta en lo que puede servir este libro, podemos disfrutar de su escritura aunque signifique menos horas de sueño? La visión nos ayuda a continuar.

La visión atiza el fuego interior para hacer las cosas necesarias y vuelve importantes los sacrificios cotidianos para sembrar. Alguna vez, un profesor con mucha experiencia nos preguntó cómo se comía un elefante... y citando un refrán respondió: «a mordisquitos».

Si las cosas marchan mal y recuerda la visión solo como un letrero en la pared, en lugar de recordarla como un poderoso aliciente, entonces no está comprometido con la visión.

Conexión

Si no tenemos una imagen clara de lo que queremos armar, aunque consigamos más piezas difícilmente armaremos el rompecabezas. La visión nos permite ir sumando con lo que tenemos, como diría E. Cole citando a otros más. «Empezando como esté, donde esté y con lo que tenga». La conexión nos ayudará a encontrar el sentido a las cosas con las que vamos construyendo en el día a día, aquellas cosas que serán parte de un todo mayor, Puede ser el ejercicio cotidiano para el atleta, o el paseo dominical para el que se ve como mejor padre; cualquier cosa pequeña que es parte de un todo, adquiere un significado especial.

Sabemos que tenemos que terminar este libro porque debemos trabajar en otros materiales; estamos involucrados con un grupo de personas que desean transformar comunidades y esto nos apasiona. Pero sabemos también que antes de trabajar para transformar comunidades, debemos trabajar en nosotros mismos, sino esto será solo un servicio profesional de un grupo que quiere estatus o recompensas materiales por encima del cambio que se desea; para ello hacen falta más servidores eficaces y este libro puede ser el mejor pretexto para encontrar más personas que deseen transformar comunidades.

En el cuadro general, vemos la conexión de este libro con el todo y esto nos permite servir mejor. Vemos posibilidades de conocer a otras personas que están sirviendo y que desean ser más útiles y relevantes en lugar de ser los líderes de turno.

Si cuando se presentan problemas los ve como oportunidades para entrenarse en el cumplimiento de su visión, entonces está empezando a ver cómo todo el medio se va «confabulando» para que logre su visión: está conectado.

También está conectado cuando en su corazón tiene una imagen vibrante de la realidad que considera posible, y siente las «patuditas» de ese bebé que lleva adentro y que en el tiempo ideal será visto por todos.

Dirección

Cuando éramos más jóvenes solíamos bromear con los amigos, quienes preguntaban qué estábamos haciendo, a lo que respondíamos «nada», y ellos ofrecían «te ayudo». Aún nos reímos cuando recordamos la frase. Sin embargo, resulta trágico cuando pasamos toda la vida «tratando», esforzándonos por nada, y lo que es peor, si tenemos a nuestro cargo otras personas les pedimos que nos ayuden a hacer «nada», y acompañen ese «hacer nada» con un informe de muchas páginas y con muchos gráficos. Por ello, es clásica en gerencia la frase tomada de Alicia en el país de las maravillas: «si no sabes a donde vas, cualquier camino te lleva allí».

La dirección es como el destino de las naves, no nos dice si tendremos que parar temporalmente o hacer ligeros desvíos, lo que hace es señalarnos un lugar y esperar que lleguemos a él.

Estas páginas están dedicadas para quienes desean servir mejor, hacia allí nos dirigimos y no nos sentiremos mal si este libro no llega a ser un éxito en ventas, pues su contenido no está destinado para todos, sino para servir a personas como usted. La segunda edición demoró en salir, pues era necesario releer lo escrito, parar temporalmente porque escribíamos en función del tiempo disponible, pero si está leyendo estas líneas significa que llegó a su destino. Cuando termine de leer este libro puede regalarlo a quien considere que aspira a servir mejor, puede subrayarlo y comentárselo. Es una herramienta y no un libro de moda, y por ello mismo agradeceremos si nos envía sus comentarios vía correo electrónico (nuestra dirección es: joseochoa33@yahoo.com).

Finalmente, queremos decirle que una visión nos llama desde el futuro y «jala» una causa, Una causa empuja desde adentro y trabaja desde el presente, la visión inspira, la causa interpreta, ambas deben conectarse a las emociones pero nunca someterse a ellas. Vivir según los estados de ánimo es abrazar una ruleta rusa donde nos perdemos en nosotros mismos. Uno de los desvaríos más comunes es perdernos en nosotros mismos al quedarnos ensimismados en nuestros propios éxitos o fracasos.

 **para asimilar mejor los conceptos:**

1. ¿Porqué crees que hay personas que idolatran una visión esperando que otros la sigan o piensan que basta anunciarla para que se haga realidad?

2. Si tienes una visión para tu vida, ¿Qué componente consideras que debes trabajar mas? (continuidad, dirección, conexión)

3. ¿Te animas a decir la diferencia entre tener una visión y seguir una causa?

5. TENER LA LIBERTAD PARA ESCOGER EL SERVICIO

Solo el que es verdaderamente libre puede decir que sí
Anónimo

En tanto no se trate de un ejercicio de plena libertad, en el que contribuimos a la realización del otro, nuestro servicio no llegará a la altura de un servidor eficaz, puede llegar al ser el disfraz del interés subalterno.

Hace algún tiempo leímos el título de un libro: *100 maneras de servir al prójimo.* ¿Acaso el autor era un caníbal? Fuera de bromas, hay muchos intereses y necesidades que pueden ser motivo para servir a nuestros semejantes, no todos son buenos ni valen la pena, y mientras estos intereses o necesidades se enseñoreen sobre nosotros, posiblemente nos sentiremos obligados, impelidos, necesitados o condicionados para servir a nuestros semejantes, pero no seremos libres para optar por hacerlo.

La libertad para servir es hermosa, porque nos permite asegurarnos que escogemos ser mejores y elegimos cambiar en lugar de vernos obligados a hacerlo. Muchas veces, cuando vamos a dar un paso importante en nuestras vidas nos aseguramos de que tenemos una «mejor opción» a la cual renunciamos, para tener la certeza de que nuestra decisión no se debe a que nos sentimos obligados por las circunstancias. No queremos ser como aquel boxeador peso pluma que «decide» abandonar las peleas cuando se entera de que tiene que enfrentarse a un peso pesado.

Debemos practicar el servicio como la expresión gozosa de nuestra libertad interior para hacer crecer al otro sin mayores expectativas que solo verlo desarrollarse y liberar su potencial; esperar más recompensas nos puede llevar a alimentar sentimientos de amargura y frustración.

Hay dos cosas que nos pueden ayudar a ser libres para servir: el perdón y liberarse del temor a la muerte.

El perdón

Si damos una mirada a nuestro alrededor, encontraremos muchísimos casos en los que una persona que no es capaz de perdonar la falta del agresor termina cometiendo esa misma falta en su propia vida. Es decir, además de ser carcomido por la amargura, por la falta de perdón, la sufre continuamente y muere mil veces por una falta que muy posiblemente el agresor olvidó hace tiempo.

Cuando alguien nos ofende o daña, interiorizamos la falta y luego la exteriorizamos hacia otros; es tan lógico como un recipiente que se llena de algo y termina derramándolo en diversas formas y circunstancias. Si fuimos agredidos verbalmente y no perdonamos, tendremos a agredir verbalmente a otros.

Otro ejemplo típico involucra a las personas que fueron maltratadas en la infancia y que mientras crecían juraban que jamás tratarían así a sus propios hijos... para luego sentirse miserables por reproducir patrones de conducta similares a los de su dolorosa niñez.

Una persona que no perdona haber sido usada por otra, generalmente se sorprende cuando es acusada por repetir esa misma conducta hacia otros; desgraciadamente será muy difícil que ella pueda servir desinteresadamente, estará a la defensiva y, lo que es peor, descubrirá que puede estar motivada por el oportunismo cuando se trate de servir a otra persona.

Debemos y necesitamos perdonar, dejar ir las cosas que nos hirieron para poder dar vida. Nuestra amargura y rencor son insaciables y siempre se alimentan con la reproducción de hechos similares con los que fuimos agredidos.

El perdón empieza con la decisión de perdonar. Recuerda que *la decisión debe ir antes que el sentimiento*. Consideramos que es una batalla perdida querer cambiar los sentimientos si no hemos optado por cambiar las decisiones.

Dallas Willard dice: Cuando se trata del poder de los sentimientos, nadie puede dominarlos enfrentándose a ellos de un modo frontal... Adoptar esta estrategia significa equivocarnos frontalmente en nuestro entendimiento de cómo funciona la vida y voluntad humanas, o más probablemente, haber decidido, en lo profundo de nuestro ser, perder la batalla y darnos por vencidos. Esta es una de las esferas fundamentales de autoengaño en el corazón humano. De hecho el sentimiento de «darse por vencido» puede ser uno de los más excitantes que experimenta el ser humano, aunque puede también ser de completa desesperación y derrota[7].

Si no perdonamos de corazón, entraremos a una vorágine de resentimiento por no ser reconocidos en nuestro servicio. Estaremos mendigando reconocimiento y les daremos a los demás la facultad de ser nuestros pequeños dioses, quienes nos podrán manejar a partir de la manera como sacien una amargura interminable o como nos puedan adular. Seremos víctimas de nuestros estados de ánimo porque habremos abdicado al derecho que tenemos de decidir escoger otros pensamientos y, por ende, otros sentimientos.

¿Siente que no debe servir a determinada persona porque no se merece nada? ¿Se siente dolido porque otros están siendo servidos mejor que usted? ¿El no ser reconocido por su servicio, aviva una herida que mantiene latente y que siempre saca a relucir en su soledad? ¿Se siente agredido cuando otro, y no usted, es reconocido? Entonces necesita perdonar para ser un servidor eficaz y revisar sus motivaciones de servicio.

---

[7] Dallas Willard. *Renueva tu corazón*. Editorial Clie, 2004. p. 153.

Tal vez esté claro para muchos, pero esto es tan importante que debemos repetirlo: un servidor eficaz debe tener sanidad interior. La sanidad interior nos ayuda a desencadenarnos del pasado y dejar de temer al futuro. Toda sanidad interior empieza por reconocer la herida, perdonarla y escoger amar de nuevo. En la referencia bibliográfica incluimos algunos autores que tratan el tema con más profundidad, así como el tema del temor y la vergüenza.

Hay tres características que marcan a las personas que no perdonan:

- Están atados a su pasado.
- Están llenos de prejuicios.
- Arrastran heridas que son visibles en sus actitudes.

Por ahora no podemos extendernos más en este tema, pues nos apartamos del tema central del libro. Cuando tocamos el tema de la vergüenza nos referimos brevemente al temor, y en acápites anteriores hemos mencionado las ataduras.

Brené Brow menciona que la vergüenza es el sentimiento de dolor intenso o la experiencia de creer que tenemos Fallas Fundamentales y por ello somos indignos de ser amados. Si nosotros nos reconciliamos con nosotros mismos y con los demás por medio del perdón podemos descubrir el poder sanador del amor.

Los prejuicios pueden deberse a una manera distinta de comprender el mundo, lo que puede significar choques culturales. Creo que, en ese sentido, todos tenemos prejuicios. Pero también pueden provenir de heridas que nunca sanaron y por las cuales proyectamos nuestras vivencias en la realidad del otro o tenemos una visión de túnel, pues pensamos que como nos sucedió una vez, hay muchas posibilidades de que ocurra de nuevo, así que lo mejor es evitar exponernos o "pegar primero".

Esta es una de las manifestaciones más conocidas de aquellos que creen que deben condenar primero para que no los condenen a ellos.

Quien desee servir eficazmente debe tomar la iniciativa de hacer el bien para que esto cree la atmósfera adecuada; quien teme que le ocurra algo malo, se paralizará hasta tener la certeza de que le irá bien, lo cual es imposible porque sencillamente no conoce el futuro y, más aún, porque su temor le ha pintado un futuro incierto.

Es imposible afirmar que no tenemos heridas por hechos del pasado; todos tenemos memoria, el problema se genera cuando no decidimos perdonar o encontramos en nuestro pasado un modo de vida. Ed Cole decía: «que nos juzguen por lo que somos, no por lo que fuimos».

La liberación del «temor a la muerte»

Aquí nos referimos a la muerte como el proceso de «separación», el proceso que reside en estar dispuestos a empezar una nueva vida sin temor a dejar la anterior, donde teníamos certezas o al menos sabíamos «cómo funcionaban las cosas». La separación es normal en el cambio, y debemos saber que esto es una realidad, ya sea que avancemos o que nos dejen atrás. No podemos seguir a un carro estacionado pensando que vamos a ir a alguna parte. Es infinitamente mejor cambiar por nuestra propia decisión que hacerlo porque no tenemos otra opción.

Un servidor eficaz muchas veces entra en terreno desconocido cuando deja sus argumentos en la puerta al escuchar de corazón a otra persona que le llevó a lugares en los que no sabe qué responder.

El servidor eficaz debe aprender a morir, debe aprender a dejar a un lado su reputación de conocedor de temas o de ser referente por excelencia. Aunque la reputación de una persona es muy importante, y por ello nos molesta tanto cuando se juega alegremente con la honra de otros en conversaciones ociosas, un servidor eficaz debe aprender a poner sus convicciones antes que su nombre, su lealtad a una causa antes que su reputación; al final su nombre saldrá ganando ya que siempre honraremos a hombres leales e íntegros, pero para eso debe aprender a morir.

Aprender a morir también nos libera de muchos temores. Hace algún tiempo, conversamos con un hombre mayor que perdió sus riquezas materiales, que eran abundantes. Con el pasar de los años, fue recuperándose hasta llegar a una situación holgada. Al escuchar su historia, le preguntamos ¿qué fue lo que aprendió de todo esto? y su respuesta fue: «Aprendí a no tener miedo».

¿No le parece gracioso que mientras otros libros estén centrados en cómo vivir mejor, aquí estemos trabajando sobre cómo morir? Este detalle es importante porque pensamos que para poder trabajar y hacer sinergia con los demás, no se pueden invertir los papeles. Primero tenemos que morir para vivir en algo superior; quien espera vivir primero, solo tendrá su propio mundo, tal vez con otros usando sus bienes, pero con muy pocas personas compartiendo su corazón. Cuando experimentamos personalmente este proceso, podemos acompañar a otros y vamos a poder entenderlos de una manera que va más allá del entendimiento teórico. El mayor de los conocimientos proviene del que ha vivido y puede comprender mejor al otro en su propia lucha interior o proceso de transición.

¿Qué cosas nos pueden ayudar a morir?

Aférrese a los principios, crea en ellos y apueste por ellos. Un ejemplo es el principio de siembra y cosecha, otro es el de dar para recibir. En estos momentos los estamos poniendo en práctica, pues al compartir muchos de nuestros descubrimientos sobre el servicio eficaz, nos estamos desprendiendo de las cosas que sabemos o descubrimos con el único propósito de ayudar a que crezcan personas valiosas como usted.

¿Nos quedaremos sin nada para dar después? ¿Perdemos poder al socializar conocimientos? ¿Seremos usados como conejillos de indias? ¿Nos paraliza la expectativa de comentarios destructivos? Si no tuviéramos claridad sobre los dos principios que mencionamos, nos hubiera costado separarnos de nuestros conocimientos o descubrimientos sobre el tema, incluso nos hubiéramos paralizado por temor a la crítica y el comentario soberbio. Pero está claro para nosotros que vamos a ampliar nuestro círculo de influencia y que aprenderemos mucho más, porque hemos comprobado que estos principios siempre funcionan.

«La muerte» en tres pasos, un ejemplo

Una de los aspectos que más nos gustan de los principios es que los podemos reinventar en distintas situaciones y darán los mismos frutos, los principios se cumplirán. A continuación presentamos tres pasos que ayudan a multiplicar tus esfuerzos para el bien de más personas:

Primero mire lo que tiene. Aquello que considera más valioso por su capacidad de producirlo bien, tal vez un bien, un talento, una cualidad especial. Debe centrarse en aquella área con más potencial para hacer realidad su visión personal, aquello que anteriormente le ha dado resultados cuando lo aplicó en su vida. Esta es la parte en la que «desarrolla el producto», puede ser un libro, la síntesis de una experiencia, el modelo de algo que puede servir a más personas, aquello que hace con la audacia nacida de la práctica.

Segundo, renuncie a recibir retribuciones. Renuncie a gratificaciones personales por lo que hizo. Sí, leyó bien: ¡Renuncie! Permítannos sonreír pensando en su expresión de sorpresa cuando lea esto. Pero es importante que de este paso para «una buena muerte». La renuncia es vital para la abundancia de resultados como lo es que la semilla esté bajo la tierra. No espere ni reconocimiento ni gratitud, sencillamente sus expectativas personales han muerto y usted hizo lo que hizo, por quien es usted, porque puede amar y dar, porque puede y desea expresar su potencial.

Debemos insistir otra vez en que los servidores eficaces no son víctimas ni faquires ni personas que desprecian su esfuerzo, más bien son jardineros que renunciaron a comer su semilla y que ven un jardín más allá de sus propias veredas. También está claro para nosotros que todos necesitamos ser reconocidos y apreciados, pero si lo que hacemos gira en torno a las expectativas de cómo seremos reconocidos, vamos por un camino equivocado o sencillamente todas nuestras expectativas nunca serán satisfechas. Nosotros vamos tras causas trascendentes que darán un fruto más allá de nuestros propios egos y que, finalmente, nos permitirá dejar un legado más allá del corto plazo.

Tercero, entregue a las personas u organizaciones que crea que tienen más potencial para desarrollar la tarea. Esto también puede significar construir o ser parte de un equipo con metas más relevantes y que pueden generar resultados que tú solo no podrías lograr. Muchas veces la falta de generosidad ha impedido el logro de objetivos mayores; podemos vivir de las «patentes» que obtengamos, pero si quiere servir con eficacia, debe decidir qué entiende por vida y qué entiende por «patente» o beneficio, se sorprenderá con el tiempo del valor añadido que recibe. Esta es una de las partes del libro que más nos gusta, pues marca la diferencia con el modelo tradicional del liderazgo y solo puede ser leída con apertura y expectativa por servidores que desean ser eficaces en su servicio con la humildad y grandeza interna para emprender grandes proyectos.

La riqueza material o de conocimientos puede apresarnos si no nos decidimos a ser su administrador y gobernador; uno de los símbolos de nuestro gobierno o del ejercicio del área que dominamos debe ser poder dar a los demás, pues al final solo tenemos lo que damos.

 **para asimilar mejor los conceptos:**

1. Hay una idea opuesta a tener la libertad para servir: servir por obligación para agradar a otros ¿Qué piensas que sucede en la vida de las personas que siguen el servir por obligación?

2. ¿Qué cosas consideras que tienen que pasar en tu vida para sentir la libertad de servir?

3. ¿Podrías considerar aplicar este concepto de "muerte" en algún área dónde tu sientes que puedes hacer mucho por alguien o por alguna causa si estás dispuesto a actuar con grandeza?

▰▰▰▰▰▰▰▰▰▰▰▰▰▰▰▰

6. ENTENDER EL SERVICIO COMO UNA EXPRESIÓN DE GRANDEZA

> *Yo soñaba y pensaba que la vida era alegría*
> *Y vi que la vida era servicio*
> *Serví y vi que el servicio era alegría.*
> **Rabindranath Tagore**

Cuentan que un hombre logró hablar con Dios en sus sueños y lo primero que hizo fue preguntarle. «Dios, ¿Qué son para ti mil años?», y Dios le respondió, «Son solo un segundo» luego el hombre le volvió a preguntar a Dios, «¿Qué son para ti mil millones de monedas de oro?» y Él le respondió, «Son solo un centavo». Inmediatamente el hombre le dijo a Dios: «¡Por favor, dame un centavo!» y Dios le respondió, «Espérate un segundo».

¿Cómo medimos el impacto de nuestro trabajo? ¿Qué medida escogemos para evaluar si hemos tenido éxito?, ¿Cuánto de lo que aspiramos en el largo plazo se conecta con lo que hacemos en el día a día? Nuestra concepción de la grandeza nos puede ayudar a responder estas preguntas.

Si su mirada de grandeza tiene que ver con acumular más juguetes, dominar o controlar a más personas, probablemente no hubiera llegado a esta parte del libro. Podemos aun pensar en que buscamos propósitos trascendentes, pero únicamente estamos tras el reconocimiento personal, eso nos puede hacer famosos pero no tener grandeza. Quisiéramos dar tres características de lo que llamamos grandeza en este libro:

- La grandeza genera un legado.
- La grandeza está enfocada en otras vidas.
- La grandeza eleva y hace grande a los demás.

La grandeza genera un legado, lo que más de un autor ha mencionado cuando habla de grandeza es que uno empieza a preferir la significancia por encima del éxito. No hablamos de la grandeza como el tamaño de nuestro ego, sino de cómo nuestro legado puede ser una obra relevante. Cuando hablamos de dejar un legado, puede ser una cosa común y corriente entregada de una *manera extraordinaria*.

Nos explicamos mejor con varios ejemplos que pueden venir a su mente mientras lee este párrafo: Muchos de nosotros hemos sido tocados por pequeñas cosas que alguien hizo por nosotros de una manera que nos hizo sentirnos especiales, porque teníamos una relación especial con esa persona o porque esa persona era especial para nosotros. Podemos recordar alguna palabra especial en momentos de crisis, un gesto sincero de apoyo en momentos irrepetibles, quizás incluso el tiempo entregado solo para escucharnos, cosas ordinarias entregadas no a nivel de cerebro a cerebro, si no de corazón a corazón, quedando como marcas donde una persona nos sirvió con amor genuino y dejo un legado que aun ahora que leemos esta parte, el solo recordarlo nos llena de gratitud. Tal grandeza, aunque pasen el tiempo y el espacio, se mantiene viva en nuestros corazones.

La grandeza está enfocada en los otros, en la ilustración del segundo y el centavo, podemos mostrar qué sucede cuando alguien quiere lograr grandes cosas con la perspectiva equivocada, para el caso del relato; el tiempo y proporciones de Dios no son el tiempo y proporciones del hombre que hizo este pedido. Para que ambos puedan vivir en el mismo mundo, Dios tendría que hacerse más pequeño o el hombre más grande. Pasa lo mismo con el servicio que genera grandeza, cuando nos enfocamos en los demás, necesariamente debemos ser más grandes que nosotros mismos, debemos tener lo suficiente para ser generosos y debemos ser capaces de ir a los demás. Cuando uno tiene grandeza, siempre tendrá para los demás, por eso la generosidad es una de las evidencias de la grandeza.

La grandeza eleva y hace grande a los demás, es imposible hacer crecer al otro sin que tengamos para nuestro propio crecimiento, por supuesto podemos por un momento renunciar a una recompensa en el corto plazo que nos quite dividendos y el prosperar rapidamente, pero si nuestro paradigma es correcto, lo que entreguemos en nombre de la causa que persigamos, nos deberá enriquecer personalmente; no empobrecer.

El servicio eficaz es una facultad de los que desean forjar grandeza en su entorno. Sin embargo, la tragedia surge cuando se deja de buscar el servicio y se va detrás de la grandeza. Las personas realmente grandes que conocemos son personas que buscan servir eficazmente, y esta es una facultad de quienes deciden trascender.

Si vamos solo en busca de la grandeza, no tendremos resultados con raíces, y corremos el riesgo de ser parte de una búsqueda insaciable en la que en lugar de servir terminaremos manipulando o abusando de las personas solo para que nuestro nombre aparezca en los titulares.

Renunciar a la retribución por servir no es negar el principio de la siembra y la cosecha. Como todo principio, se cumple independientemente de lo que opinemos de él, pero ya dejamos de pensar en esto y nos concentramos en la tarea, el resto llegará por sí solo y nos sorprenderá cuando llegue, aumentando nuestra alegría.

Alex Pattakos menciona que «Nuestra voluntad de sentido, no nuestra voluntad de placer o poder, es lo que ilumina nuestra vida con auténtica libertad», y esto es muy importante para quien asocia servicio con grandeza, grandeza con trascendencia y trascendencia con significado. Escoger voluntariamente regirse por la construcción de un significado superior que deje un legado, le da una fuerza vital a lo que hacemos y va generando en grandeza, no la de los que tienen que aparecer en los periódicos para tener vigencia o satisfacer su ego, sino de los que se sienten libres para hacer lo que sienten que es lo mejor y lo que llena de sentido sus vidas.

Recuerde, cuando hablamos de generar grandeza no nos referimos a alimentar egos o lanzarlos a la fama, sino a «engrandecer», ayudar a crecer, a madurar, a llegar a ser responsables en la construcción de un futuro transformador.

La grandeza tiene que ver muy poco con la espectacularidad, más bien está vinculada con el tiempo dedicado a las victorias internas. Cuando hablamos de concentrarnos en la tarea no nos referíamos a enajenar la acción del hombre; esto es absurdo y proviene de una cultura equivocada que separa al hombre de su acción, al decir del hacer y al ser del hacer. Estas separaciones son adecuadas en el caso de telenovelas o películas donde no se ven las implicancias del accionar del hombre. En la vida real, un corazón pequeño generalmente genera acciones mezquinas. «Como es su corazón, así es la persona».

¿Cómo darnos cuenta de que no estamos construyendo nuestro propio imperio o estamos actuando servilmente en lugar de experimentar la grandeza del servicio? Compartimos características de un servidor que engrandece:

Es una persona que huye de la manipulación y la dominación.

Cuando servimos eficazmente a una persona es lógico que ganemos influencia sobre ella. Un servidor eficaz debe estar alerta para no caer en la manipulación o dominación soterrada. ¿Acaso no nos atormenta pensar en aquellos líderes carismáticos que atendiendo las necesidades emocionales de la gente se aprovecharon para engordar y lograr fines mezquinos a costa de ellos? Ojalá sigamos teniendo una actitud de «temor» para no convertirnos en devoradores de hombres en lugar de servidores eficaces.

Se alegra mucho por las victorias de otros.

Hace tiempo que hemos superado el pensamiento negativo de que la victoria de uno significa necesariamente la derrota de otro (¡salvo cuando juega mi equipo favorito!); sabemos que cuando se trata de victorias que engrandecen, en ellas no hay perdedores. Además, ver victorias similares a las nuestras en los otros, jamás nos quita alegría, más bien nos da un sentido de trascendencia y gratitud.

Cuando tratamos de engrandecer a la persona que servimos, resulta útil identificar sus fuegos interiores, su misión personal y vincularlos lo más que se pueda con la tarea que desempeña. El logro de la tarea será el combustible para engrandecer sus fueros internos.

 **para asimilar mejor los conceptos:**

1. ¿Cuales crees que pueden ser las consecuencias en una organización cuando se confunde la grandeza con espectacularidad?

2. ¿Qué significa para ti la palabra "legado", como la diferencias del éxito pasajero?

3. ¿Cómo podrías distinguir el servicio como expresión de grandeza y el servicio para fines puramente egoístas?

7. DISFRUTAR LO QUE HACEMOS

> *Creo que Dios me creó con un propósito, pero también me hizo veloz, y cuando corro, siento el placer de Dios.*
> Eric Liddell[8]

Queremos empezar con un breve relato. Hace muchos años, hubo un gran debate sobre cómo experimentar la fe cristiana. Una corriente muy fuerte fue la del gnosticismo, básicamente decía que se puede obtener un saber absoluto mediante una experiencia mística y extática. Esto era defendido por un grupo de «elegidos» que afirmaban tener conocimientos secretos obtenidos de los apóstoles que fueron revelados a su grupo élite. Los «iluminados» capaces de entender esas cosas cuestionaban que Dios, el puro conocimiento, se haya contaminado con la materia y defendían esta diferenciación que de alguna manera los hacía inalcanzables para el resto. Ante tamaño despropósito se levantó un líder muy sabio, Ireneo y una de las frases que usó para atacar a todos aquellos que defendían el dualismo entre el conocimiento y la experiencia fue: «La gloria de Dios consiste en que el hombre viva, y la vida del hombre consiste en la visión de Dios». El hombre debe estar enteramente vivo para dar gloria a Dios, cuando se expresa, cuando vive plenamente, cuando descubre su propósito, está dando gloria a su creador.

No basta tener un conocimiento abstracto de Dios. Nosotros podemos ser grandes conocedores de un tema, pero si solo nos refugiamos en nuestro conocimiento y lo protegemos con palabras complicadas para que otros no

---

[8] Eric Liddell fue un atleta escocés que fue campeón olímpico de los 400 metros lisos en los Juegos de París 1924, y que sirvió como misionero protestante en China. Su historia fue llevada al cine en la película dirigida por Hugh Hudson *Carrozas de Fuego* de 1981, ganadora del Óscar a mejor película en 1982.

los descubran estamos actuando como esos religiosos gnósticos que querían diferenciarse como una élite mística que en lugar de ayudar a crecer a los demás, solo querían diferenciarse para obtener en ello una cuota de poder.

Si no volcamos nuestro conocimiento y lo convertimos en servicio a los demás expresando para lo que fuimos creados, estamos actuando como esos religiosos gnósticos. Pero si además de eso, no nos volcamos a experimentar el fruto de nuestro esfuerzo en los demás o nos disponemos a recibir lo que los demás quieran compartir o disfrutar con nosotros, estamos perdiendo mucho.

¿Qué es lo que nos hace sentir enteramente vivos? ¿Dónde podemos liberar nuestros fuegos interiores y no destruirnos si no inspirar a los demás? Usted puede darnos una respuesta basada en lo que le apasiona y su paradigma o propósito trascendente, y esta bien. Pero ha de saber que esto no se debe quedar allí, debe aprender a hacer un alto, mirar alrededor, ver y disfrutar lo que sucede con lo que hace, porque puede terminar como un «narciso o una víctima del servicio», una persona que puede tener muchos admiradores pero muy pocos amigos.

Hay dos mitos que debemos desterrar, si queremos servir eficazmente y disfrutar en el camino con los demás:

1. El trabajo sin descanso.
2. El deber como enemigo del placer.

Mito 1: El trabajo sin descanso

Es verdad que una vez que hemos comprobado la importancia de dejar huella, sentimos la necesidad de trabajar duro y parejo, pero debemos recordar que necesitamos equilibrio para ser eficaces, porque podemos reproducir patrones de conducta que multiplicarán daños en quienes están en nuestro círculo de influencia.

Es posible que piense: «Yo disfruto tanto de mi trabajo que podría estar hasta altas horas de la noche haciendo cosas»; es verdad, nosotros también, pero debe preguntarse si se siente así solo porque su trabajo le da más satisfacciones que su familia, o porque el afecto de la gente de su trabajo es mayor que el que da o recibe de su familia. Si su respuesta es afirmativa, ¡cuidado! Está a puertas de sembrar cosas de las que se arrepentirá con el tiempo. El rol que cumple en el trabajo puede cambiar, pero no el que cumple en su familia. No puede huir de la responsabilidad de trabajar con su familia sin esperar cosechar consecuencias generacionales.

Este tema es complejo y sería fácil obviarlo, sobre todo si deseamos resultados en la empresa o si somos personas obsesionadas por las tareas y no damos mucha importancia a las relaciones. Pero como este libro nos lleva de victorias privadas o peregrinajes interiores hacia los procesos transformacionales, es necesario asumir con valentía la tarea, a veces inmensa, de ordenar nuestra vida; esto para mi es un área que demanda esfuerzo o alerta continua.

Recuerde que un servidor eficaz bebe de fuentes de amor inagotables y que una causa valiosa nunca quita vida, la transforma.

El descanso es el espacio para el recreo, para poder mirar las cosas desde otro ángulo y regresar con más ánimo a la tarea que nos apasiona. También es el espacio donde podemos celebrar con otros el fruto del trabajo sin que las cosas giren alrededor nuestro.

Mito 2 El deber es enemigo del placer

Un servidor eficaz encuentra contradictorio que un ministerio o trabajo relacionado con la vida, le quite vida al que lo ejerza. Es absurdo que una misión personal que apuesta por la vida, termine amargando la existencia de su protagonista es como muerte sin resurrección, siembra sin cosecha.

Si siente que el servicio le está agotando en lugar de transformarlo en mejor persona, entonces se está prendiendo una luz roja que le indica que debe descansar. Un descanso es un regalo que nos permite afirmar y saborear nuestros sueños, para regresar con una visión renovada de las cosas y con más ganas de servir.

Aunque más de una vez hemos tenido que sacrificar mucho para lograr un objetivo mayor, siempre tenemos presente que una causa que vale no quita vida. Puede haber cansancio, agotamiento, frustración, dolor y hasta indignación, pero siempre esta causa demostrará que vale la pena y que recompensa mucho más allá de las expectativas, siempre será una fuente de vida, de gozo que va más allá de los sentimientos pasajeros. Si no es así, debemos examinar a conciencia nuestra motivación para el servicio, podemos tener un espíritu de mártires o de ascetas, pero no de servidores eficaces.

Howard Thurman, un pensador que influyó mucho en Martin Luther King, Jr, dijo, "No te preguntes qué es lo que necesita el mundo. Pregúntate que te hace sentir vivo, y luego hazlo. Porque lo que el mundo necesita es más gente que se sienta viva", yo se muy bien que las personas que buscan fines trascendentes, no va a perderse entre debates sobre el placer y el deber, van a encontrar placer en expresarse y al hacerlo darán vida.

¡Disfrute!

Aprendamos a disfrutar de la presencia de Dios o de ser parte de un plan mucho más grande que nuestra propia vida, divirtámonos y gocemos con las cosas buenas y cotidianas, riámonos de nosotros mismos.

Es verdad que los servidores que sobresalen han hecho cosas que los demás —incluso ellos mismos— no querían hacer por ser tediosas o pesadas, pero no dejaron de ver el final del camino, lo saludaron y disfrutaron de lo que venía; eso los lleva a otro nivel de comprensión de la tarea. Pregunten a cualquier enamorado o enamorada por qué puede esperar silbando durante horas a su pareja.

Muchas veces, la falta de gozo en nuestras vidas es la puerta abierta para caer en la tentación de la autodestrucción; en un momento de debilidad elegimos un poco de placer de corto plazo y así podemos destruir lo que estuvimos construyendo con tanto esfuerzo. Podríamos haber aprendido a disfrutar sanamente y llenar vacíos de mejor manera, con lo que habríamos tenido más argumentos para resistir a esa invitación a la autodestrucción vestida de gratificación a corto plazo.

Recordemos que el gozo nace de un paradigma, de una comprensión que se vuelve decisión, y no de un sentimiento circunstancial. Es mucho más que una alegría pasajera o una sonrisa de oreja a oreja mientras estamos en el cine.

Como ya hemos dicho, somos aprendices en estas materias y nos falta trabajar más en este aspecto del disfrute, pero una de las herramientas que más ayudan es ser agradecidos y sentirnos privilegiados de poder ayudar a otros a alcanzar su potencial.

 **para asimilar mejor los conceptos:**

1. Algo puede andar mal cuando no celebramos o no podemos hacer un alto en lo que hacemos, ¿Qué crees que sea?

2. ¿Te animas a poner ejemplos cercanos que reflejan los dos mitos mencionados?

3. La gente que amas ¿Se siente positivamente impactada en sus vidas cuando tu disfrutas lo que haces? ¿Cómo?

8. LLENE SU SOLEDAD DE COSAS QUE LE ENRIQUEZCAN

El silencio es el hogar de la palabra
Manuel Sánchez Monge

Hace poco leímos un artículo en el periódico sobre un término nuevo para nosotros ;«la extimidad» el autor, un periodista y antropólogo citaba a psicólogos como Jose Errasti y Jacques-Allain que usaban este término para hacer notar como los jóvenes de ahora exponen de manera tan espontanea sus vivencias interiores en las redes sociales, buscando notoriedad efímera al compartir su intimidad exteriormente, cosa que antes no era muy común., Esto que podría ser una expresión de autenticidad, delata una intimidad en la era del vacío[9], en la que uno se hace vulnerable no para ayudar al otro, sino para exhibir algo que llame la atención con el solo propósito de sentirse importante para alguien ya que muchas veces sus vidas están orientadas o dirigidas por los sentidos o emociones en lugar de los propósitos. Mas ejemplos sobre esto los podemos ver en toda esa variedad de «realitys» televisivos o programas dedicados a exhibir las miserias y contradicciones humanas. ¿Qué fue lo que pasó para que tengamos tanto miedo a no tener espacios de soledad o para que los momentos de intimidad con nosotros mismos se conviertan en hacer cosas que nos dañan?

Creemos que no hemos sido capaces de llenar nuestra soledad de cosas que nos enriquezcan.

Como lo mencionamos al inicio citando a Manuel Sánchez Monge; «El silencio es el hogar de la palabra». Es en el silencio donde medimos nuestras palabras antes de enviarlas al aire, allí deberíamos calibrar si después las

---

[9] El sociólogo Gilles Lipovetsky definió nuestro tiempo como la era del vacío: la cultura basada en las apariencias.

podremos honrar. Es en el silencio de la soledad en el que estamos libres de las distracciones que nos llevan a muchos lugares y es allí donde podemos hacernos preguntas difíciles que nos permitan crecer más de lo que nos imaginamos si somos sinceros con las respuestas.

Solemos usar un tiempo diario de meditación sobre pasajes bíblicos que nos ayudan a ordenar nuestras prioridades, ver hacia dónde vamos y cómo podemos servir mejor a la causa que nos apasiona. También son encuentros con la verdad en los que debemos tomar decisiones que impliquen cambios personales para ser más consecuentes con lo que creemos o decidamos sembrar en las vidas de las personas que amamos. No es agradable descubrir las contradicciones, pero es bueno recordar que podemos usar nuestra soledad para trabajar en ellas y avanzar.

Así como no es recomendable tomar decisiones importantes bajo presión, es bueno meditar antes de tomarlas. Inmediatamente después de escribir o leer esto, uno se preguntará por qué si es una verdad tan evidente, no somos capaces de darnos un tiempo para esto. Una de las razones es que estamos inmersos en una cultura de «no lo pienses, solo hazlo» o «compre ahora y pague después», «Termina de leerlo rápido».

¿Ha leído el libro de corrido o se ha dado un tiempo para conversar con nosotros después de cada parte que le llamó la atención? ¿Anotó algo? ¿Subrayó? ¿Se anima a escribirnos alguna reflexión suya? Si esto es bueno para fijar conocimientos respecto a un libro, ¿por qué no podemos hacerlo para fijar aprendizajes de pasajes de nuestra propia vida? ¿Aprovechó las preguntas que hicimos para usted?

La meditación en soledad también nos servirá para establecer un patrón de conducta en base a nuestros valores y prioridades, para que cuando estemos en la vorágine de la vida diaria podamos responder y decidir rápida y adecuadamente cuando sea necesario.

¿Tiene tiempo que disfruta a solas? ¿En qué piensa? ¿Sobre qué rinde cuentas? Aquí nos referimos a los tiempos destinados a estar con nosotros mismos. ¿Qué hacemos cuando estamos solos? Esas actividades pueden describir mejor quiénes realmente somos ante el espejo y no ante la sociedad. La frase «Dios perdona el pecado, pero no el escándalo», nos ha hecho vivir la cultura de las apariencias, la cultura de la moda, donde más nos importa lo que piensen de nosotros. No nos damos cuenta de que mientras no tengamos victorias privadas, estaremos condenados a una triste doble vida. Bien con ninguno, mal con los dos. Vivir por la imagen nos puede llevar a hacer cosas que no deseamos o ir a lugares que no queremos conocer.

En nuestra experiencia personal, nos ayuda mucho el sentido de urgencia que proviene de mirar pasar los años y saber que no volverán, ser padres de niñas pequeñas (ahora ya adolescentes) y ser testigos privilegiados de cómo en tan poco tiempo las vidas de las personas cambiaron tanto. No hay tiempo para gastar esfuerzos trabajando en la «cosmética de la personalidad», para luego darnos cuenta de que debimos trabajar con las raíces del carácter; perdemos tiempo además de gastar recursos en analizar el porqué de las insatisfacciones personales y aunque tenemos muchas batallas perdidas durante todo este tiempo, el solo hecho de tener espacios de reflexión personal en soledad nos renueva la esperanza de poder salir adelante.

El tiempo corre, no podemos dejar que otros vivan nuestras vidas, debemos tomar las riendas, hacer un alto y replantear el trabajo, analizarlo, fijarnos metas, identificar las áreas que deseamos potenciar, etcétera. Necesitamos invertir bien y la soledad es el espacio ideal para trabajar en nuestro corazón y en nuestras raíces. ¿Cuándo tenemos tiempo de mirarnos y pensar sobre todo esto? En la soledad, esa soledad que es buena invitada, pero mala compañera. Allí podemos hacernos las preguntas difíciles y enfrentar nuestros propios fantasmas o temores, aquellos que nacieron de decisiones equivocadas o conflictos personales. Estos fantasmas se mantienen por no querer enfrentarlos.

Uno de los entretenimientos favoritos de los niños pequeños es jugar a las «escondidas». En ese juego se ocultan hasta que otros los encuentren e incluso cerrando los ojos porque piensan que de esta manera ellos tampoco son vistos. Cerrar los ojos para que no nos vean es divertido y enternecedor en el caso de niños de dos o tres años, pero es una tragedia cuando se convierte en una práctica de los adultos, quienes creen que ignorar las cosas hace que estas desaparezcan. La soledad es un buen momento para las preguntas valientes. Desechemos las preguntas que nos muestran como víctimas. Los valientes desean mejorar y trabajar para ello, las víctimas se quedan en encontrarse o buscar culpables o dan a los demás el derecho de seguir destruyendo sus vidas alimentando su propio rencor.

Aprovechemos la soledad para buscar ser mejores y para disfrutar de las cosas que nos hacen superarnos. En nuestro caso, la usamos para pasar un tiempo con Dios lo nos permite esa combinación de confrontarnos con la verdad y disfrutar de la vida.

Cuando llenamos nuestra soledad de cosas que nos empobrecen, además de quedarnos con nuestros fantasmas personales, nos llenamos de sinsentidos, edificamos filosofías para justificar nuestras causas perdidas en lugar de aprovechar ese tiempo para ser mejores, muchas veces, simplemente, porque no nos gusta nuestra propia compañía.

Un servidor eficaz disfruta en soledad de los recuerdos de vidas tocadas o de hacer planes donde siente siempre que lo mejor está por venir, y puede ordenar su vida en función de prioridades, no «para escapar de» sino para «ir hacia».

La soledad nos permite valorar los desiertos:
A. G. Sertillanges menciona: "El retiro es el laboratorio del espíritu; la soledad y el silencio son sus dos alas. Todas las grandes obras son preparadas en el desierto, incluso la redención del mundo. Los precursores, los seguidores, incluso el Maestro mismo, todos obedecieron o deben obedecer a la misma ley. Los profetas, los apóstoles, los predicadores, los mártires, los pioneros del conocimiento, los artistas inspirados en todas las artes, hombres comunes, y el hombre-Dios, todos rinden tributo a la soledad, a la vida de silencio, a la noche".

JOSÉ OCHOA G.

 **para asimilar mejor los conceptos:**

1. ¿Porqué crees que decidimos no tener tiempo a solas con nosotros mismos?

2. Menciona tres acciones que pueda enriquecer personalmente cuando estás a solas.

3. ¿Qué significa para ti la frase "La soledad es buena invitada pero mala dueña de casa"?

3

10 consejos para incrementar nuestra eficacia en el servicio

Como lo mencionamos, luego de haber trabajado en el *ser*, podremos mejorar el *hacer*, esto es muy importante porque una vez que hemos comprendido por qué optar por el servicio para transformar vidas y relaciones, y que hemos trabajado en nuestras propias vidas para ser consecuentes con nuestra lucha por ser lo que decimos, es realmente útil mejorar nuestra práctica, pero ir al revés, es decir, primero querer *hacer*, antes que trabajar en el *ser* o empezar por lo externo antes que lo interno, solo nos trae paranoia y temor de ser descubiertos, luchas interiores entre las dos imágenes que presentamos o esfuerzos por mantener los quince minutos de maquillaje que bien podrían invertirse en forjar mejor nuestro carácter.

Nuestro trabajo nunca termina, ¡qué bueno! Estamos en el proceso continuo de mejorar nuestro carácter, nuestras habilidades, destrezas y competencias para ser más eficaces. Podemos empezar haciéndonos preguntas cada vez más profundas sobre los temas que mencionamos anteriormente para aclarar nuestro paradigma o encontrar nuestras motivaciones.

Es natural que un servidor eficaz llegue a ocupar una posición de liderazgo o autoridad, incluso nos atreveríamos a decir que varios de los que están leyendo este libro ocupan ya posiciones de autoridad y liderazgo, además de ser influencia constante sobre otros. No nos referimos a los que ocupan una posición de autoridad por accidente o debido a coyunturas políticas o familiares, sino a los que ganan autoridad en varias esferas de la vida por lo que son. No son reyes, pero son reconocidos por su diligencia en el servicio ante propios y extraños.

Volvemos a insistir en que la mejor manera de desarrollar nuestra eficacia en el servicio es creciendo interiormente, luego de manera natural mostraremos cualidades superiores de servicio, por ello nos hemos concentrado en el área de riqueza interior. Esto está de acuerdo con la intención de ser parte del cambio que queremos ver en el mundo o ser parte de la solución en lugar del problema.

Muchos libros de *marketing* personal o de «cosmetología de la personalidad» enseñan técnicas depuradas para influir en las personas, pero si no provienen de un corazón con el sincero deseo de engrandecer a la persona a la que sirve, entonces serán solo técnicas que podrán tener influencia en otros —como lo tiene el carisma ante un grupo de votantes—, pero tarde o temprano revelarán una personalidad cínica, manipuladora, que podrá pasar bien delante de los «clientes esporádicos», pero no delante de nuestros seres más queridos con quienes nos toca compartir el resto de nuestra vidas. Aquí se cumple lo que menciona E. Cole: «Muchas veces el talento y la personalidad nos pueden llevar a lugares donde el carácter no podrá sostenernos».

Es obvio que también es importante desarrollar una serie de competencias que incrementarán nuestra eficacia para influir en las personas que deseamos engrandecer, por ello esta parte, queremos compartir algunas herramientas o ideas que puedan ayudarnos a ser más eficaces en el servicio. Para cada uno de estos temas existe bibliografía abundante que puede ser profundizada de acuerdo al interés de cada quien por medio de la práctica y la teoría. Cada consejo va acompañado de reflexiones más o menos extensas por dos razones, primero porque quieren conectarse con las distintas fortalezas innatas de cada quien, por ejemplo, si soy una persona muy relacional, puedo potenciar mi manera de escuchar y, segundo, porque quieren llamar la atención sobre el motivo o por qué necesitamos desarrollar cualquier área, esto afirma el tenor básico de este libro que quiere enhebrar el *ser* con el *hacer*. Aquí los consejos:

1. Anote sus aprendizajes.
2. Afine su capacidad de concentrarse en el logro de la tarea.
3. Maneje el cambio por medio del aprendizaje.
4. Aprenda a escuchar.
5. Enfóquese en el potencial.
6. Mentoree a otros.
7. Forme parte de una comunidad de rendición de cuentas.
8. Diferencie claramente «influenciar» de «dominar».
9. Cuídese del poder, pero no huya de él
10. No limite el potencial de su trabajo.

1.- ANOTE SUS APRENDIZAJES

Cuando uno lee artículos o libros, puede distinguir entre los autores que han hecho un recorrido y nos brindan su experiencia o su análisis de información respecto a la materia sobre la que quieren añadir valor y los otros autores que desarrollan una teoría para justificar por qué no funcionaron las cosas o para evadir responsabilidades. Cuando anote sus aprendizajes piense en que más tarde servirá para ser el primer grupo de autores, no para que haga su «autobiografía». Nosotros podemos marcar la diferencia si somos capaces de poner en blanco y negro nuestro aprendizaje de aquellas cosas que no funcionaron, no para decir que nunca funcionarán, sino para demostrar cómo trabajamos con ellas para ser mejores. Las cicatrices son evidencias de que estamos vivos, y no al revés. La herida existió, hizo daño, por tanto mal hacemos negándola o diciendo que fue buena o que no tenemos que arrepentirnos de ella. ¡Lo importante es que el cuerpo la superó y sigue vivo!

¿Qué aprendió de sus fracasos? Alguien dijo que el éxito es mantener una buena actitud durante los fracasos. Caerse, pero caerse adelante. Es necesario que deje en claro lo que aprendió, porque una de las mejores maneras de conocer es a partir de la reflexión que hacemos de la práctica.

Nuestros escritos no tienen que ser largos tratados, pueden ser frases breves, opiniones cortas. Anímese a llevar un diario donde anote sus aprendizajes más relevantes, esto le ayudará a generar conocimiento valioso para ser más eficaz. Lo que escribe no estará completo si no lo comparte, no necesita atrapar a la audiencia con cátedras doctorales, pero puede despertar la curiosidad de las personas compartiendo descubrimientos personales.

¡Escriba! ¡Comparta! ¡Nunca se olvide de compartir! Es la mejor manera de fijar conocimientos y ayudar a otros.

¿Cómo escribir sus aprendizajes? Empiece con un diario. Dichoso si usted puedes disponer de un tiempo a solas y un lugar tranquilo para escribir durante algunas semanas. Sin embargo, quienes están esperando que llegue ese tiempo y esas circunstancias para hacer estas cosas, posiblemente nunca escribirán nada. Deje que le martille en la cabeza la idea de que puede ahorrar trabajo a muchos y que tiene la oportunidad de llegar a más personas con ideas que se han hecho más claras una vez que las describió en el papel. Las buenas intenciones no bastan.

Entonces:
Empiece con un diario personal donde va poniendo sus aprendizajes y las citas o nombres de los autores que más tarde podrán ser su referencia si quiere ahondar los conocimientos, escriba pensando que otros van a leer lo que usted ponga por escrito.

2. AFINE SU CAPACIDAD DE CONCENTRARSE EN EL LOGRO DE LA TAREA

Las prisas, las multitudes, las presiones, las modas de turno, las circunstancias y hasta los estados de ánimo pueden ser factores que distraen de la tarea en la que realmente deberíamos estar enfocados. Podemos llenar una agenda de actividades, pero no estar orientados a los resultados.

No olvide concentrarse en el logro de la meta, en el cumplimiento de la tarea; puede ser usado como soporte o ser el rostro de una campaña, pero si se siente parte de la obra, esto le ayudará a liberarse de la soberbia que nos invita a mirarnos como centro, robando reconocimientos y cultivando resentimientos cuando nuestras expectativas no se cumplen.

Como ya es conocido, existe una mayoría que ve cómo las cosas suceden y una minoría que hace que estas sucedan. El servidor eficaz siempre será parte de esta minoría, ya sea para influir en las personas que están a la cabeza de los cambios, o liderando procesos de cambio en sus familias u otros grupos humanos, grandes o pequeños.

Para que el servidor eficaz pueda concentrarse en su área de influencia, debe enfocarse en la tarea. Será fácil para quien siente la gratificación por el logro de la misma, pero muy difícil para quien quiere reconocimiento por el papel que juega en el desarrollo de su tarea.

Creemos que todos conocemos por lo menos una historia de un gran trabajo que no se logró porque uno de los eslabones de la cadena abandonó el juego al no sentirse valorado o reconocido. Recordemos que el valor no lo da el reconocimiento durante el trabajo, el valor final consiste en el logro de la tarea, sobre todo si somos servidores y estamos apostando por alcanzar resultados, no a que nos miren durante el espectáculo. Además, sabemos que existen maneras mucho más trascendentales de ser reconocidos

DOS preguntas para saber si estamos o no estamos orientados hacia la tarea

a. ¿Somos devotos del «autobombo»?

«Autobombo», es una versión coloquial del que prefiere dar a conocer sus logros más que el propósito que perseguía con esos logros. A través del autobombo se manifiesta la necesidad de que por nuestros propios medios, otros se enteren de «lo bueno o nobles que somos al hacer la tarea». Cuanto más se enteren, nos resultará mejor.

El servidor eficaz no necesita que él mismo u otros proclamen sus virtudes para seguir avanzando. Toma las energías de algo o alguien superior a la tarea encomendada. La tarea es un medio para el logro de algo más trascendente. Pero si necesita que otros se enteren de ella, o si cambia de ánimo dependiendo de quién le acompañe o vea durante el trabajo, sería bueno preocuparse por ser más responsable o por revisar sus motivaciones para el trabajo.

b. ¿Nos interesan los resultados de calidad?

A un servidor eficaz le importa más lograr un resultado de acuerdo a su estándar de calidad que el papel que pueda desempeñar en el logro del resultado. El pago por ser adulado como «el» protagonista del proceso o la figura central le parece poco, no satisface sus expectativas, ya comprobó que las adulaciones son huecas y que se trata de mercadería barata; el logro alineado con su paradigma o su misión personal le satisface más, siempre hay un fin superior que significa una gratificación a otro nivel.

No se acostumbre a las gratificaciones externas por su trabajo., Sabemos que van a llegar, como sabemos que existe cosecha después de la siembra, pero deben sorprenderlo siempre como algo adicional por haber hecho lo que sabe que era bueno.

Usted puede escoger entre la gratificación del corto plazo y volverse adicto a ella o puede aprender a sentir la gratificación ética de hacer lo correcto. No es fácil hacerlo, por eso, este ejercicio de no acostumbrarse a las gratificaciones externas le va preparando para ir tras lo ético por encima de lo estético o lo que está de moda.

Existe un gozo especial cuando dos servidores se miran luego de cumplir la tarea, y también sabemos que pueden aplaudir contentos al rostro de turno que se presenta ante los demás como expresión visible de la tarea terminada. Cuando buscamos primero las gratificaciones externas perdemos este encanto.

Tampoco se sentirá defraudado por la falta de reconocimiento inmediato. Esto es muy importante cuando las expectativas centradas en uno mismo hacen que sobredimensionemos el reconocimiento.

Hay una gratificación adicional para el servidor eficaz que se concentra en la tarea: está libre de motivaciones subalternas que tanta dependencia han traído a las personas. Su generosidad lo libera de temer no agradarles y lo licencia para despreocuparse de las formas en las que desea servir. Al final, como dice un dicho popular, «la verdadera forma está en el fondo» y el servidor eficaz puede ser auténtico en lo que hace.

Entonces:
Evalúe sus motivaciones para el logro de resultados y asegúrese de establecer los medios para medir sus avances.

3. MANEJE EL CAMBIO POR MEDIO DEL APRENDIZAJE

El abismo entre los planes para cambiar, la ejecución de los mismos y los resultados esperados, esta muy bien documentado en la pléyade de autores que han trabajado sobre lo que llamamos «manejo de cambio» este es un tema en boga ahora que vivimos tiempos acelerados y la rotación de liderazgo con nuevas ideas o el deseo de ir al ritmo de los demás imponen nuevas modas. Nuestro consejo para manejar el cambio es más modesto y sencillo: Aprenda a ser mejor, no teorice sobre cómo deberían ser las cosas para que todo funcione.

En estas líneas queremos subrayar lo que dice Howard Hendricks: «Enseñar es causar y aprender es cambiar». Charles Handy dice que el aprendizaje es una rueda que tiene cuatro partes: una dedicada a la curiosidad, a la búsqueda de respuestas a cosas que nos interesan; luego viene la teorización, aquí es donde damos distintas explicaciones o ensayamos una respuesta a lo que nos llama la atención; después está la aplicación, donde ponemos en juego nuestra teoría y finalmente la reflexión, donde analizamos los resultados. Esta rueda debe dar vueltas constantemente para realizar el proceso de aprendizaje y no estancarnos.

¿Mantiene viva su curiosidad? Mientras escribimos estas líneas, tenemos como compañía a nuestra pequeña de seis años (sí, la misma que alguna vez dejamos dormida cuando tenía meses de nacida y comenzamos a escribir este libro; ahora tiene 10 años), quien a lo largo de diez minutos nos ha hecho diez preguntas sobre lo que estamos escribiendo. Quizás solo vino para recordarnos que le mencionemos lo importante que es esta parte. Para mantener viva la curiosidad y el espíritu aventurero de nuestra niñez, dos cosas ayudan mucho: sentirnos a gusto y tener expectativa frente al porvenir. Si sentimos que lo mejor está por venir y lo esperamos con entusiasmo, preguntaremos sobre ello como un niño espera los regalos de Navidad y si sabemos que viene un reto, nuestra pregunta será ¿cómo se puede aprovechar?

¿Cómo está su nivel de lectura? Muchos libros que leemos representan conversaciones con personas que respetamos para conocer sus puntos de vista sobre la vida u otros temas que nos interesan. Cuando comprendemos sus teorías, ellas nos ayudan a explicar mejor temas de nuestro interés. Quien constantemente está leyendo tiene más fuentes para elaborar sus propias respuestas.

¿Comparte lo que aprende? Redactar este libro nos ha ayudado muchísimo para resumir ideas sobre temas de nuestro interés. Es conocida la frase que quien enseña, aprende tres veces: cuando recuerda, cuando prepara y cuando comparte lo que aprendió.

Busque o aprenda nuevas maneras de sorprender a la persona a quien sirve, ¡ame el cambio! Hay un mundo de posibilidades para ser más eficaz y diligente en el servicio.

Entonces:
No trate de manejar el cambio como quien quiere manejar las olas del mar.
Aprenda a ser el cambio que desea que suceda.

4. APRENDA A ESCUCHAR

Hace algún tiempo escuchamos un relato sobre un grupo de exploradores que venía de reconocer un nuevo sendero en la selva cuando de pronto se encontraron con un indígena de la zona que, con el oído pegado al suelo, parecía estar atento a lo que venía. Apenas vio a los exploradores mencionó con frases cortas: «Un grupo de tres personas; una cojea y dos tienen botas. Uno de los que tiene botas viste una camisa amarilla, pantalón negro y usa anteojos». Uno de los exploradores interrumpió su narración y dijo: «Puede ser que pegando tu oído al suelo puedas percibir las vibraciones para identificar hasta cuántas personas vienen, pero me parece imposible que puedas llegar a identificar la vestimenta o si uno usa lentes, ¡es una exageración!». El indígena contestó: «Nunca dije que los venía venir, yo les estaba describiendo a un trío de asaltantes que me dejó postrado en el suelo».

Cuántas veces leemos nuestras historias personales en las personas que nos van contando sus propias vivencias. Todavía no acaban de compartir su historia y ya tenemos en nuestra mente una respuesta para sus casos. Proyectamos guiones o decimos escuchar cuando solo estamos pensando en responder.

Una persona que desea añadir valor debe aprender a escuchar con los cinco sentidos, aprender a ponerse en el lugar de la persona a la que escucha, arriesgarse a no tener una respuesta en ese momento, convencido de la importancia de comprender a cabalidad lo que sucede en la vida de la persona a la que va servir, una persona que sabe escuchar afina sus preguntas. Si queremos entender mejor a las personas que deseamos servir debemos aprender a hacer preguntas.

DOS pasos que ayudan a acercarnos mejor a la vida de las personas que nos comparten

1. Asegúrese de comprender el lenguaje de la persona que comparte.

No nos referimos solo a entender el idioma, sino más bien a comprender los códigos que usa esta persona. S. Covey recomienda sabiamente que nos aseguremos de comprender el lenguaje repitiendo con nuestras propias palabras lo que hemos entendido que la persona dijo. ¡Se sorprenderá de la diferencia entre la cantidad de cosas que suponemos que la persona quería decir y las cosas que realmente dijo!

2. Indague acerca de las razones o motivaciones internas

¿Por qué lo dice? ¿Qué es lo que realmente desea transmitir entre líneas? ¿Su soledad? ¿Su frustración? ¿Su ira? ¿Su alegría? ¿Su temor? Muchas veces detrás de una frase corta hay un cúmulo de expresiones que tratamos de compartir y que no pueden interpretarse solo con una transcripción del lenguaje. Recuerde que la mayor parte de la comunicación se trasmite por el lenguaje no verbal.

Muchas personas afirman que: «Comprendiendo bien el problema ya tenemos parte de la solución». Si queremos servir eficazmente, debemos asegurarnos de que estamos enfocando bien el problema, y esto es imposible si no escuchamos eficazmente. Para los que desean indagar más sobre el tema, pueden buscar más información en los libros que hablan sobre el escuchar empáticamente, aquí el secreto no está en saber el cómo, está en desear sinceramente hacerlo.

Entonces:
Escuché con la curiosidad de una niña de 6 años y deseando entender lo que dice la persona más allá de sus palabras.

5. ENFÓQUESE EN EL POTENCIAL

Si solo nos dedicáramos a escribir pensando en defender la idea del valor intrínseco de la persona, lo primero que haríamos sería una serie de reflexiones prácticas de las implicancias de ver al ser humano como imagen y semejanza de su Creador; luego vendría este libro que habla de otra manera de relacionarnos con los demás para obtener logros significativos, luego una aproximación a las estrategias donde las personas disfruten lo que hacen para que los planes estratégicos no sean ciencia ficción y finalizaría sobre herramientas para desarrollar el potencial de las personas, ya que todo esto es parte de un enfoque donde se ve a las personas como sujetos con valor intrínseco nacidos con un propósito superior a ellos mismos., Es como leer el todo por la suma de las partes, desde las partes pequeñas, átomos, moléculas, células, etc. que van formando un cuerpo hasta mirar cómo las personas se van integrando para formar otros «cuerpos mayores», organizaciones que se comportan como organismos.

Como los libros son como conversaciones con el autor, le pido disculpas si nos desviamos del tema en el párrafo anterior solo con el deseo de que tenga una visión más panorámica y también como una justificación para extendernos un poco más sobre el tema del potencial, es nuestro seguro por si no llegamos a escribir más libros, :).

Uno de los elementos más dolorosos de nuestra cultura latina es la afición de concentrarnos en la queja, decir lo que no somos, definir a nuestro país o el lugar donde estamos en función de lo que no es. Un servidor eficaz no se enfoca en el problema, se enfoca en la solución.

Esto no significa que no seamos realistas o que ignoremos las limitaciones, pero primero tenemos que trabajar en las posibilidades. Una de las cosas que hemos aprendido en nuestro trabajo frente a círculos de empobrecimiento es a reconocer que una de las armas más poderosas para mantener a las personas encerradas en la pobreza es inhibir su capacidad de mirar las posibilidades para salir afuera.

Caemos muchas veces en una especie de enfoque freudiano al querer aconsejar a los sanos estudiando a los enfermos. Cuando queremos solucionar el tema de la pobreza, nos concentramos en los problemas, ellos determinan nuestra comprensión de la situación y, luego, proyectamos soluciones. Así ignoramos que el estado primigenio del hombre fue el de un ser digno y destinado a usar su potencial para cumplir un propósito trascendente.

Nunca olvidemos que tratamos con seres humanos, tal vez golpeados, heridos o destrozados, pero seres humanos al fin, por sobre todo, con un destino superior al de cumplir el ciclo biológico de los animales. Recordemos que el hombre no es lo que afirma la frase de J. P. Sartre: «un milagro inútil o una pasión sin interés».

Nuestra labor debe ser la de descubrir, desarrollar y liberar el potencial de las personas[10].

Lo que debería ser el resultado natural del crecimiento de una persona, muchas veces se torna una lucha contra corriente que desgraciadamente no siempre termina bien, muchas personas diseñadas para propósitos mayores reproducen patrones que afectan profundamente su futuro o su percepción del futuro. Trabajar un enfoque que mira el potencial parte del trabajo que todos debemos hacer para descubrir el potencial. Descubrir el potencial tiene la premisa de que las personas no son un problema que resolver sino una maravilla por descubrir, que nuestro rol al añadir valor a sus vidas, no es el trasladar nuestra persona y hacerlo mas imitador de nosotros, sino a ayudarlos a que ellos encuentren el propósito para lo que fueron diseñados y que descubran los talentos intrínsecos con los que fueron equipados para salir adelante. Para descubrir el potencial tenemos que luchar con pasión para rescatarlos de las imágenes distorsionadas que les impiden verse a sí

---

[10] Parte de lo que viene en los siguiente párrafos lo adapte de un par de artículos que escribí y fueron publicados.

mismos como los artífices de su destino sin aplastarlos con cargas nuestras o dar la impresión que nos desentendemos de su dolor. Ellos son la imagen de su Creador y tienen que descubrir las distorsiones que existen cuando se les habla de su futuro o su potencial. Ayudarles a descubrir su potencial tiene que ver con que ellos miren las posibilidades y afirmen lo que muy dentro de ellos saben y que nosotros escuchamos con respeto cuando lo dicen: ellos están destinados a cosas grandes; en este proceso se va aclarando el significado mientras vamos buscando.

Pero no basta que ellos descubran el potencial, debemos ayudarles a desarrollar su potencial, nos referimos a procesos de largo plazo a través de relaciones significativas que nos permitan ganarnos el derecho a ser escuchados cuando les animamos a esforzarse por ser la mejor versión de ellos mismos. Ayudarlos a que tomen decisiones importantes, vitales desde el fondo de ellos mismos. Todos tomamos decisiones que afectaron el resto de nuestra vida y sabemos lo importante que es esto para desarrollar el potencial. Debemos alentarlos cuando se cansan, tomarlos en serio cuando sueñan y ayudarlos para que puedan usar la realidad adversa como una ocasión para sacar lo mejor de ellos mismos. La espiritualidad no es un concepto etéreo, sino la posibilidad de una relación positiva y reveladora con el Creador, una fuente de energía inagotable que les va repitiendo que ellos no fueron creados por accidente y que tienen un propósito superior, que hay una «conspiración divina» para que puedan para salir adelante en las crisis y construir sus proyectos de vida.

Paradójicamente liberar el potencial tiene poco que ver con centrarse en uno mismo, así como el propósito de una fragancia no está en quedarse en el frasco, siempre liberamos el potencial cuando lo ponemos al servicio de una causa mayor, aunque el lugar donde descubro mi potencial es también el lugar donde afirmamos nuestra identidad y podemos dejar un legado trascendente, siempre añade valor al otro. Como mencionamos antes, Jonathan Edwards afirma que la identidad de un individuo no procede de sus diferencias con los demás, sino de su relación con su prójimo.

Cuando liberamos el potencial para servir a una causa trascendente, vamos descubriendo nuestro propósito en la vida y ayudamos a las personas a tomar las riendas de su propia vida, el siguiente paso será que reconozcan que su propósito es tan grande que deberán hacerlo en comunidad y esto será otra etapa de crecimiento, lo que decía S. Covey, el paso de la independencia a la interdependencia.

Donde no debamos o no podamos ayudar, debemos animarlos a conectarse con quienes puedan hacerlo, pero eso es parte de una red de servicio de lo cual hablaremos más adelante. Lo importante es que las personas a las que sirvamos, mantengan el deseo de seguir añadiendo valor, con el tiempo ellos harán realidad su vocación y descubrirán el valor de liberar su potencial en otros.

CUATRO sugerencias para identificar el potencial de la persona.

Sugerencia uno:

Empiece afirmando lo que es y lo que puede ser la persona a la que sirve.

Mire hasta dónde llegó y cuáles han sido sus mayores logros, aprenda a reconocerlos y reforzarlos, nunca sea adulador pero sí honesto para celebrar los logros y afirmar sus cualidades.

Ayúdele a detectar las trabas para que la persona desarrolle su potencial. Hay un dicho que recuerda que muchas veces los pequeños defectos cubren grandes virtudes y que pequeñas virtudes pueden disimular grandes defectos. Nuestro trabajo no consiste en desarrollar virtudes para disfrazar los defectos, sino en ayudar a las personas a identificar las trabas que son directamente responsables de que su potencial no se desarrolle. Esto es parte de descubrir el potencial, nuestra labor debe ser ayudar con las mejores preguntas en lugar de dar las respuestas correctas, solo asegurémonos que las búsquedas sean sinceras.

Sugerencia dos:

Acompáñelo en el proceso de articularse a una red de personas que tienen similares potencialidades.

Construya una esperanza compartida, que no lo desaliente la fatalidad con la que esa persona puede tomar las cosas, solo recuerde su pasado antes de buscar ser un servidor eficaz, cuando se concentraba en usted mismo. Usted, al igual que nosotros, también padeció los mismos males y tiene sus recaídas ocasionales.

Esto le ayudará a mantener la perspectiva y servir con humildad.

Recuerde lo importante que es crear una imagen compartida que nos inspire, nos aliente y nos rete a ser mejores. Qué mejor si en esa imagen hay otros involucrados, que nos hagan sentir parte de un equipo ganador o si son los rostros de las personas que podemos bendecir con nuestra vida, recuerde que la esperanza de saber que pese a nuestras contradicciones podemos salir adelante, puede mas que el "pensamiento positivo y obtuso que riega las equivocaciones".

Queremos incidir en que existe una gratificación especial en reunirnos con personas que también aspiran a ser servidores eficaces, se puede hablar sin dobleces, nadie se siente superestrella y, sobre todo, se pueden establecer sinergias.

Cuando del trabajo conjunto de dos personas se obtiene un resultado muchísimo mayor que solo la suma de las partes, se generan cambios profundos y cualitativos.

En la red de servicio encontrará referentes y también podrá avanzar en equipo, hay tareas trascendentes que demandan el trabajo concertado de muchos servidores. No queremos ser una legión de microemprendedores que duplican esfuerzos y se desgastan sin añadir valor el uno al otro.

Sugerencia tres:

Ayúdele a sentirse que está destinado a trascender.

Parta del postulado que todos estamos destinados a trascender, no en los conceptos clásicos de los libros de historia o los periódicos, sino en la oportunidad de dejar un legado positivo en los corazones de otros. Mirar más allá de uno mismo tiene un poder liberador que permite concentrarse en la obtención de logros superiores. Es allá donde debe acompañar a las personas a las que sirve, para dejar un legado perdurable, para trascender en corazones y mentes de otros, para ser recordados con gratitud o ser parte de una causa superior a nuestro propio yo. Invítelos a construir el futuro en el que puedan estar.

Recuerda la convicción de la esperanza puede mas que la declaración positiva superficial.

Sugerencia cuatro:

Comparta sus pasiones interiores.

Su pasión puede convencer y animar mucho más que la lógica de sus argumentos, trasmita a quienes ha elegido servir su pasión por el logro, esto favorecerá el desarrollo de su potencial. Necesitamos canalizar nuestra pasión, hay una diferencia abismal entre ser esclavo de la pasión y hacer las cosas apasionadamente para un fin superior.

Entonces:

Concentrarse en el potencial es una tarea combinada de descubrir lo que ya tiene, acompañar el proceso de desarrollar sus fortalezas para el logro de sus metas y animarlo a que libere su potencial sirviendo a otros para que se inicie un círculo virtuoso de aprendizaje y crecimiento.

6. MENTOREE A OTROS

Un servidor eficaz necesita mentorear por dos razones:

1. Necesita reproducir los principios que le han ayudado a crecer y servir mejor.

2. Tendrá un espacio para reafirmar sus convicciones; las palabras que vierta en el acompañamiento a la persona que está mentoreando lo impulsarán a revisar su vida con miras a ser más consecuente.

Que significa mentorear a otros

La definición de mentoreo[11] puede estar enmarcada en varios contextos dependiendo del objetivo o la razón última para la cual deseamos acompañar o servir a una persona. Podemos buscar desarrollar mejor las competencias de la persona, profundizar el conocimiento y manejo de sus capacidades, influir en ellas para que sean mejores personas, sacar lo mejor de ellas mismos, etc.

También tiene que ver con cómo definimos el acompañamiento que deseamos dar a la persona que estamos sirviendo, deseamos asesorarlo, aconsejarle, entrenarle, hacer «Coaching», dirigirlo, etc. Encontraremos distintas definiciones y aproximaciones en función del acercamiento y paradigma de quien desea mentorear o acompañar a la persona, hay documentación abundante que nos ayudará a hacer gruesas separaciones entre *coaching*, mentoreo o acompañamiento personal.

---

[11] La definición y enfoque del mentoreo lo tome del Manual para mentores que estoy trabajando para la organización Renovalatino.org

El mentoreo no es una ciencia exacta, no debemos pretender que solo se trata de la aplicación aséptica de una serie de herramientas, como quien arregla un carro, donde la experiencia viene solo en una vía, más bien es una experiencia transformadora que nos demanda ser humildes por encima de todo y totalmente conscientes de las implicancias de poder afectar la vida de otras personas y sentirnos retados a ser mejores personas.

El concepto de mentoreo está enmarcado dentro del firme convencimiento que toda persona tiene un propósito, por ello debemos ayudarle a afirmar su identidad y propósito único. El mentoreo consiste sencillamente en acompañar y aconsejar a una persona especial en su propio proceso de realización, buscando hacer las mejores preguntas posibles.

El enfoque está dentro de un diálogo continuo entre dos grandes tramas,: lo que fuimos destinados a ser y lo que nos impide o distorsiona el camino llegar a nuestro destino.

Todos tenemos un patrón en nuestra vida, una serie de principios que determinan nuestro comportamiento futuro, nuestro trabajo consistirá en ayudar a la persona a identificar este patrón que nos hablará del propósito bueno y significativo. Bueno porque fue destinado a terminar bien, *significativo* porque añadirá valor a otras personas.

La realidad de nuestra vida es la combinación de un entorno y una naturaleza llena de contradicciones donde nos ha tocado crecer. No es que fallemos a propósito en hacer realidad nuestro destino, es que tenemos heridas y somos influenciados a repetir patrones generacionales que nos desvían de nuestro destino según los planes de un Creador que nos ama y que puede usar lo que nos sucede para bien. La realidad no es mala ni buena, es sencillamente nuestra realidad, el contexto en el que hemos venido al mundo. Muchas veces por estas contradicciones nos alejamos de nuestro propósito final y podemos acabar nuestros días, con más posesiones, más fama o rodeados de personas que nos recordaran con gratitud, pero aun así, esto no se compara con el destino mayor al que estamos llamados.

¡Cuánta falta hacen los mentores en nuestra sociedad individualista! Existe mucha necesidad de un espacio de confianza, amor y restauración. Un servidor eficaz que mentorea a otros va a poder pagar la deuda de amor que adquirió cuando otras personas lo acompañaron con compasión, paciencia y buen humor en su crecimiento.

Seis características de un mentor eficaz:

1. Busca desarrollar el potencial de la persona, no desarrollarse a través de ella, ni sacar calcos y copias.
2. Se muestra vulnerable, habla de realidades y se asegura de no estar reproduciendo o justificando sus taras personales.
3. Escucha, escucha y… escucha.
4. Comparte lo que sabe, lo que quiere saber y trasmite un deseo de aprender más.
5. Comparte lo que tiene y debe asegurarse de reproducir los principios más que los métodos.
6. Sabe preguntar.

Entonces:
Mentorear a una persona es ayudarla a que se realice en función de su identidad y propósito únicos.

7. FORMA PARTE DE UNA COMUNIDAD DE RENDICIÓN DE CUENTAS

Todo esto parte de un supuesto básico: hemos sido destinados a ser mejores juntos, y aunque cuesta vivir en comunidad, los réditos son enormes. Una comunidad es la expresión de la diversidad para construir una identidad que permita logros jamás pensados para cada uno de los miembros.

Empecemos a construirla aceptando que debemos pagar un precio para llegar a ese nivel. El precio es mezcla de la aceptación y cuidado del otro con la rendición de cuentas y el ser vulnerables. Por supuesto que esto no se puede desarrollar si no existe un clima de confianza mutua, el resultado de esto es una comunidad de rendición de cuentas.

Este es un espacio en el que se comparte entre pares con el único propósito de ser mejores y ayudar a otros a serlo. Es una herramienta imprescindible por cuatro razones, y al darlas compartiremos ideas para ponerlas en práctica.

La primera razón es la posibilidad de *tener un grupo de amigos que nos ayudan a no tomarnos en serio*. Cuando un servidor eficaz va creciendo en influencia necesita de un grupo de amigos que le ayuden a verse en su real dimensión. La soberbia nos ha conducido a muchos errores, sin contar las relaciones dañadas y las oportunidades perdidas. El grupo de rendición de cuentas nos ayuda a no dormirnos en nuestros laureles. Cuando se reúna con sus amigos, aprenda a reírse de sí mismo, recuerde que no tiene que impresionarlos.

La segunda razón es el *poder mirar las cosas en diferentes perspectivas*. ¡Cuán importante es saber que muchas veces nuestras historias personales nos impiden ver todo el cuadro! Cuando se reúna con sus pares, comparta un reto y mencione cómo piensa resolverlo. Se sorprenderá de las diferentes alternativas que encuentre, siempre y cuando pueda mostrar —inclusive a sí mismo— que desea aprender del otro.

La tercera razón es que una comunidad nos *permite medir nuestro crecimiento de una manera distinta a la de competir con nuestro vecino*. La competencia con otra persona puede llevarnos a un crecimiento sano, pero también puede generar complejos de inferioridad o superioridad e incluso podemos terminar en lugares en los que nunca desearíamos estar. Como dice un dicho popular: compramos cosas que no queremos, con la plata que no tenemos, para agradar a personas que no nos gustan. En un espacio de rendición de cuentas, podemos compartir nuestras metas y decir cómo estamos avanzando, pues no estamos ante jueces que desean condenarnos, sino compañeros que quieren alentarnos como los alentamos nosotros.

La cuarta razón es que *podemos construir metas conjuntas que son mucho más que las misiones personales aisladas*. Es posible generar sinergia entre amigos cuando diferenciamos el apoyo y consuelo de la complacencia y adulación.

Encuentre amigos verdaderos, pague el precio por ser uno de ellos, acostúmbrese a reuniones periódicas y establezca un diario o agenda de metas personales que le servirán para compartir sus avances y principales retos. Quizás no pueda reunirse tan frecuentemente como quisiera, pero si has tomado en serio este proceso, se sorprenderá de que la relación no se medirá por la frecuencia, sino por la profundidad en la que llegaron a entablar la relación.

Entonces:
Dé el primer paso para rendir cuentas a alguien con el que se sentirá cómodo durante su caminar y que le ayudará a crecer en un ambiente de profunda aceptación y respeto.

8.- DIFERENCIE CLARAMENTE LO QUE ES «INFLUENCIAR» DE LO QUE ES «DOMINAR»

Hay una diferencia clara entre influenciar y dominar, la influencia viene de la capacidad de desafiar, inspirar, despertar y proponer. El dominio, cuando se dirige a las personas, es mas el uso de tu fuerza para imponerte. Shakespeare decía: «Bienaventurados aquellos que teniendo poder para hacer daño, no lo hacen». No hace falta ser un dictadorzuelo para querer dominar a nuestros semejantes, podemos hacerlo al manipular a otros para que desvíen sus propios propósitos con tal de seguir a los nuestros por más buenos y moralmente aceptables que sean. También puede ser la expresión de una persona controladora que desea tener todo en orden y no soportaría dejar que las cosas sucedan sin estar a cargo, lo que puede hacer vivir a esa persona en un estado de angustia permanente.

El buscar influenciar en lugar de dominar ataca la raíz misma del modelo líder-seguidor y nos lleva a la expresión del liderazgo colectivo y el deseo de añadir valor a la vida de las personas con las que nos ha tocado emprender un proyecto conjunto.

Un cambio por decreto no se compara a un cambio de corazón. Cuando estamos trabajando en la tarea no lo hacemos como los mecánicos que piensan que la solución está en ajustar las tuercas para solucionar problemas; algunas veces dan resultado un par de acciones puntuales como ayudar a alguien a cruzar la calle o mostrar el asiento a un recién llegado, pero incluso en estas acciones tenemos la oportunidad de sembrar amor.

Se trata de sembrar, de ser un jardinero que pone semillas en el corazón de las personas. Recuerde que «no hay nada más consecuente que una semilla», una persona que influencia es una persona que siembra en corazones, riega con amor sincero y luego, como no hay nada más consecuente que una semilla, si la tierra es buena, logra que del corazón de la persona a la que sirve broten más acciones y se generen cambios para el logro de la tarea o meta.

¿Cómo influenciar?

Con solo ser servidor eficaz ya estamos influenciando, sin embargo debemos reforzar una idea sencilla que tiene que ver con los frutos: «siembre semillas buenas, nútralas y reconozca los frutos». Recordemos que relaciones profundas producen frutos perdurables.

Entonces:
Evalúe que es lo que motiva a las personas a acompañarlo en los proyectos comunes que emprenda, si solo es porque usted es el jefe, algo puede estar mal.

9. CUÍDESE DEL PODER, PERO NO HUYA DE ÉL

Roberth Greenleaf hacia esta reflexión: «¿Quién es el enemigo? ¿Quién está frenando el movimiento para una mejor sociedad con los recursos disponibles?.. el mal, la estupidez, la apatía, el "sistema" no son el enemigo ... El verdadero enemigo es el pensamiento confuso por parte de gente buena, inteligente, vital ... En fin, el enemigo son los siervos que tienen el potencial de conducir, pero no conducen, o que optan por seguir a una persona que no es un servidor.»

Cuando le toque usar el poder, recuerde siempre que es un administrador; existe una inmensa presión para usar el poder en provecho propio, sin importar si hace daño a los demás. Tres cosas que ayudaran a manejar esa presión: recuerde que las personas que realmente son importantes para usted no son las que lo aplauden, si no las que debe conquistar con su vida. Mantenga la perspectiva, no pierda la cabeza pensando que las posiciones son duraderas, pero si lo son los recuerdos que genera cuando administra el poder. Lo tercero lo aprendimos de un amigo que nos dijo de manera clara, «puedes ser un campeón en la carrera de ratones, pero seguirás siendo un ratón. Escoge bien en qué carrera quieres competir».

Como ya hemos afirmado, la grandeza tiene que ver muy poco con la espectacularidad, está más bien vinculada con el tiempo dedicado a las victorias internas, por eso, sabiendo que el estar en el poder puede ser una invitación a la corrupción, debemos esforzarnos por estar alertas y buscar el crecimiento interno.

Quien vence en la batalla por ser consecuente interiormente, podrá manejar sabiamente los reconocimientos o responsabilidades de turno. Hemos aprendido que quien pierde el temor de perder su reputación ante los hombres se gana el derecho ante ellos de ser escuchado. Repetimos una vez más: somos aprendices que estamos conscientes del camino por recorrer, pero sabemos que este camino se inicia por uno mismo.

Si quiere abandonar el poder porque se siente incomodo con él, es una buena señal para que lo asuma con más ganas, muchas personas que trabajan bajo el modelo de añadir valor han abdicado de sus responsabilidades con lo que han ocasionado serios daños al equipo. Creemos que ahora más que nunca, es importante no rehuir a ser personas de influencia. Jim Collins en su *best seller Empresas que sobresalen* se refiere al nivel más alto del liderazgo cuando describe al «líder de nivel 5»: aquellos que canalizan sus necesidades de ego lejos de sí mismos y dentro del objetivo mayor de construir una empresa que sobresale. Su ambición es ante todo por la organización, no por sí mismos. Construye excelencia duradera a través de la mezcla paradójica de humildad personal y voluntad profesional. Creemos que todos deberíamos aspirar a asumir ese tipo de liderazgo de servicio.

Entonces:
Recuerde que una de las definiciones del servicio relevante es usar el poder con pureza.

10. NO LIMITE EL POTENCIAL DE SU SERVICIO, PERO SÍ ESTABLEZCA SUS PROPIOS LÍMITES

Hay un mal que las personas que sirven a una causa superior enfrentan con frecuencia, aquellas personas en posición jerárquica superior que apelan a la misma noble causa para manipular y aprovecharse de la pasión y entrega de la persona que sirve con el propósito de mantenerla a su servicio y lograr sus metas personales. Es fácil detectarlo cuando la persona que invoca esta causa no muestra las evidencias en su vida del resultado de vivir por la causa que dice defender, no nos referimos a alteraciones de estado de ánimo que todos tenemos, sino a un patrón de comportamiento guiado por el cinismo y ofrecimientos calculados solo para seguir usufructuando del otro. Una persona así, no ha comprendido lo que significa ser «cabeza» de la organización, ya que el rol principal de los que están a la cabeza es hacer crecer al resto y hacerlos crecer en armonía tal que puedan gestar resultados de equipo sorprendentes.

Quien no ve como prioridad el crecimiento de las personas que sirve, se puede estancar en un falso debate entre el crecimiento de la persona y el crecimiento de la organización, esto desnuda la incapacidad de generar sinergia entre ambos o la necesidad de reconocer que no debería retener a quien solo se puede quedar en el puesto a costa de sacrificar su futuro o relaciones más importantes.

Si decimos servir a una causa superior y creemos que vale la pena, podremos tener la libertad de salir de ese mundo de negación constante de oportunidades y aspirar a cosas mayores. Sentirnos culpables por dejar relaciones de codependencia[12], puede ser una señal de que no tenemos la motivación correcta al servir y buscar el logro de la causa que aspiramos. Necesitamos aprender a establecer nuestros límites.

---

[12] La codependencia es una condición psicológica en la cual alguien manifiesta una excesiva, y a menudo inapropiada, preocupación por las dificultades de alguien más o un grupo de personas.

Si no queremos limitar el poder de nuestro servicio debemos aprender a establecer límites personales, los limites son aquellas barreras que determinan el inicio o final de algo, esto tiene muchas implicancias prácticas, debemos saber claramente qué parte nos toca jugar, cuál es nuestra responsabilidad y en qué cosas debemos tomar acciones y en qué otras áreas tenemos la libertad de decir no, para concentrar nuestras energías en el servicio de la causa trascendente.

Los limites también nos ayudan a saber qué es lo que protegemos o lo que deberíamos proteger, sobre todo cuando en medio de la pasión o vorágine del trabajo nos piden una milla extra y nosotros dejamos de proteger el tiempo que le corresponde a quienes amamos solo porque no les vemos o porque ellos lo pueden «comprender», para todo ello necesitaremos tener claridad en nuestros roles y dominio propio para hacerlos respetar desde nuestro fuero interno, ya que no se trata de los límites que nos pongan sino de los que decidamos establecer dentro de nosotros. Si no aprendemos a fijar límites y hacerlos respetar, entonces el dolor y la pérdida nos ayudaran a trazar las fronteras que hubiéramos debido construir antes, recordemos: Podemos manejar nuestras decisiones, pero no podemos controlar las consecuencias de las mismas[13].

Juntamente con no establecer nuestros propios límites debemos aprender a valorar nuestro servicio. Si convivimos en una relación donde menospreciamos nuestro servicio, estamos caminando por terreno peligroso.

Nunca mida el logro de sus metas con estándares ajenos, quien menosprecia su servicio se autodestruye. Esa actitud maligna alimenta la cultura de menospreciar al que sirve y entronar a la persona que dirige. No sea responsable de entronar un modelo perverso, injusto y empobrecedor que nos lleva a una jungla de apariencias y de lobos rapaces. Aprenda a dar honra a los demás servidores, ¡sea un misionero para este tipo de relacionamiento!.

---

[13] Quienes desean saber más sobre cómo establecerse y respetar los límites, deberían conocer el trabajo de Henry Cloud y John Townsend, uno de los libros más conocidos es justamente el libro Límites.

Una cosa es estar convencido que la causa que tu sigues es la correcta independientemente de lo que digan los demás o que otros quieran aprovecharse, pero otra cosa totalmente distinta, es que te ofrezcan ser parte de una organización basada en el honor cuando solo son apariencias para mantener privilegios a costa de los demás.

Entonces:
Usted limita su potencial cuando no establece sus límites y alienta un ambiente en el que se menosprecia su servicio y el de otros.

Un comentario final

El Eclesiastés dice que el final es mejor que el inicio. Los inicios son fogonazos que nos permiten empezar a andar nuestros sueños o nuestros proyectos, pero muchas veces solo son falsos inicios. Por ello nos alegramos de que este libro no haya quedado solamente como un buen inicio. Empezamos y terminamos de escribirlo pensando en usted y en las cosas que puede lograr si da el peso y la importancia debida a terminar bien lo que puede empezar con un fogonazo de inspiración o un deseo sincero de servir mejor a quienes ama.

No conocemos su credo, su afiliación política o su trasfondo cultural, pero si nos hemos podido comunicar ha sido porque hemos usado el lenguaje universal de los principios y es nuestro deseo que estos lo conduzcan a la raíz de donde salieron, Permítame ahora una reflexión personal, dedicada a las personas que como nosotros, basan su paradigma de servicio a una causa trascendente:

Es cierto que un servidor eficaz se distingue por servir reflejando la grandeza de la causa superior por la que vive, pero pienso que hay algo mejor que seguir una causa trascendente, y es poder seguir a una persona trascendente cuyos pasos y modelo de vida reflejen la grandeza capaz de convocar causas relevantes. Yo encontré a uno de quien me declaro seguidor sin reparos, creo que si todos fuéramos seguidores de él, incluso los que nos llamamos cristianos, el modelo líder-seguidor, tendría otra connotación en este libro. Se trata de Jesucristo.

Jesucristo representa para mi mucho más que un ejemplo a seguir, su vida, su servicio y su muerte representan otro estilo de vida y de relacionamiento que me habla de una realidad donde él puede ser rey y siervo a la vez. Como yo no puedo seguir su ejemplo por más que me esfuerzo y no puedo darle el honor que se merece en mi vida, el se convierte en el siervo que viene a mi encuentro, se acerca y me lleva hacia él, su muestra de amor y aceptación incondicional me tiene felizmente seguro. El me enseño otro significado de seguir, que va mas allá del modelo líder-seguidor, el me enseño que seguir también significa continuar, y que puedo seguirle continuando su causa según mi propio estilo y diseño con la libertad del que tiene una verdad que vale la pena seguir. Deseo de corazón que tú también encuentres una persona trascendente cuyos pasos y modelos de vida reflejen la grandeza capaz de convocar causas relevantes en tu vida. Causas que sanen y restauren nuestro mundo y nuestras relaciones.

Lima, Octubre 2013

Reconocimientos

RECONOCIMIENTOS PERSONALES

En esta segunda edición, corregida y aumentada, me queda pequeño el espacio para agradecer a todos los que me apoyaron para hacer realidad este proyecto, así que lo haré al estilo de los siervos de una causa superior, les agradeceré valorando la tarea lograda en mí el leer este libro para que disfruten del resultado en la vida de otros.

Sin embargo no puedo dejar de decirles que quisiera que muchos conozcan a Rosendo y Rossana Yamakawa, mis amigos de siempre, capaces de enseñar a otros auténticamente con sus propios errores, retos y dificultades, trayéndoles esperanza real al mostrar cómo pudieron vencer los desafíos para ser una familia que inspira a otros, ellos, al igual que un grupo de jóvenes brillantes y apasionados por una causa superior, me motivaron a escribir este libro.

Rubén Silva, generoso como pocos, con el poder de la sinceridad de sus palabras me animó mucho a sacar esta versión. Él leyó el manuscrito y me presentó a David Abanto, quien hizo mucho con la corrección de estilo. A ambos les estoy agradecido porque pusieron su vocación al servicio de esta causa que se traduce en un libro que puede ser útil para más personas que comparten la misma mirada sobre el servicio para el logro de causas que valen la pena.

El diseño está inspirado en el logo de renovalatino.org una organización de representa los valores de este libro, un árbol que quiere acoger a todas aquellas aves que desean ir a su destino, los equipa y busca añadir valor para que sean la mejor versión de si mismos. Gracias a Miguel Prado Baigorrea, él fue el diseñador de este libro, la caratula, la diagramación, las imágenes que vas a ver en el libro, quieren comunicarte lo que yo solo puedo hacer con letras, y Miguel comunica con su arte más directamente al corazón que entiende la belleza, en mi caso hay que esperar un poco para descifrar las palabras. Gracias Miguel por todas las horas buscando captar el corazón del libro para traducirlo con imágenes y por tu compromiso personal para sacar este libro, se que disfrutaras tanto como yo el que esto se convierta en una herramienta para añadir valor a las personas que lo lean.

Mi esposa Uli, mas conocida como Karina y mis dos hijas merecen un recordatorio aparte. Mi esposa por creer en mí a pesar de mis contradicciones y mis hijas que son tan maravillosamente diferentes que me retan a ser un mejor padre, a las tres, gracias por ayudarme a entercarme en ser mejor persona.

Reconocimientos bibliográficos

En cierto sentido, más que autores, nos sentimos compiladores de principios que han existido desde el inicio y son recurrentes a lo largo de la historia humana. Hemos cuidado de citar dentro del texto a quienes hasta donde sabemos son los autores. Pero hay una serie de autores que quisiéramos reconocer y animar a leer a que al terminar el libro tengan el deseo de ahondar en algunos temas. Debemos reconocer que nuestro libro de cabecera es la Biblia, en los evangelios encontraras mucho sobre el perdón y la restauración de las personas. Los demás autores están mencionados en orden aleatorio, el resto es tarea del amable lector que podrá usar buscadores para encontrar los libros. Por favor, no se enojen con nosotros, si tienen otros autores en mente, solo añádanlos a esta lista.

Richard Foster, Tomas Merton, Dallas Willard para quienes deseen profundizar su fe de manera práctica en el día a día

Jhon Maxwell, Edwin L Cole, Zig Ziglar, para quienes quieran encontrar motivación, principios y anécdotas para una mejor forma de vida

John Eldrege, Brenan Manning, Henri Nouwen, para quienes se animen a tomar en serio la construcción de su relación con Dios más allá de profesar una religión.

Peter Drucker, Jim Collins, Stephen Covey, para quienes quieran desarrollar herramientas de liderazgo nacidas de victorias y disciplinas privadas.

Viktor Frankl, Robert Greenleaf, Charles Handy, para quienes deseen disfrutar de profundos pensadores en el arte de lograr que las cosas sucedan.

Sobre el autor del libro

José Luis Ochoa Gamboa esta casado con Ulrike, tiene dos hijas y vive en Lima, Perú, al momento de la publicación de este libro es director de Sostenibilidad y Líder nacional de Estrategia en World Vision Perú, sirvió a su organización de manera global en trabajos de estrategia, planeamiento urbano y relacionamiento con corporaciones. También es miembro de la Junta Directiva de Oportunidades para la Vida, institución que trabaja por una generación preparada para una vida digna promoviendo la inclusión social a través de una educación de excelencia de niños y niñas oportunidades en Sudamérica. Director ejecutivo ad honorem de Renovalatino (www.renovalatino.org) organización centrada en desarrollar el potencial de jóvenes que desean cambiar su comunidades y miembro de la junta de la organización Tiempo Con Dios Perú, organización interdenominacional que alienta la meditación en la Biblia como espacio de disfrute y preparación para una vida plena y miembro del consejo de referencia de la fundación Doble Honor, que busca reconocer y honrar a servidores anónimos que han querido añadir valor a la vida de personas en condiciones precarias como evidencia de vivir su fe.

Tiene un título de Ingeniero en la Universidad Nacional Agraria (Perú), un MBA en Eastern University (USA), un diplomado en evaluación de proyectos en ESAN (Perú), además de otros estudios relacionados al desarrollo social en diversas instituciones. Ha compartido diversas ponencias en distintos espacios de América Latina y Canadá, referidos a temas de estrategia y valores. Su pasión está en servir a las personas u organizaciones enfocadas en atacar las causas del empobrecimiento que están motivadas por una causas superiores a ellos mismos y ayudar a construir los futuros en los que desean estar las personas u organizaciones.

www.ingramcontent.com/pod-product-compliance
Lightning Source LLC
Chambersburg PA
CBHW051807170526
45167CB00005B/1917